Autopublicacion

Autopublicacion

*Guia detallada paso a paso
para autopublicar tus libros*

MAXIMO KOVAK

AUTOPUBLICACION
Guia detallada paso a paso para autopublicar tus libros.

Publicada por Maximo Kovak
www.maximokovak.com

Book design by Maureen Cutajar
www.gopublished.com

Edición Inglés ISBN 978-0-9575953-3-0
Edición Inglés ISBN 978-0-9575953-4-7 (edición digital)

Edición Español ISBN 978-0-9575953-5-4
Edición Español ISBN 978-0-9575953-6-1 (edición digital)

INDICE

INTRODUCCIÓN

CAPÍTULO UNO

CAPÍTULO DOS

CAPÍTULO TRES

CAPÍTULO CUATRO

CONCLUSIÓN

INTRODUCCIÓN

¿Has enviado tu libro a editoriales y te han dicho que no les interesa?

¿No lo has enviado pero quieres autopublicar tu libro tú mismo?

¿Quieres ganar dinero haciéndolo?

¿Quieres aprender cómo hacerlo fácilmente, ahorrando dinero y dolores de cabeza?

Si tu respuesta es sí, has encontrado el libro que buscabas.

En esta guía encontrarás la información que necesitas para autopublicar tus libros paso a paso y explicado de una forma muy sencilla.

Este es el libro ideal para nuevos autores y escritores que han decidido tomar la ruta de la autopublicación. Miles de nuevos autores están actualmente autopublicando sus obras utilizando este método. No te quedes atrás.

Esta guía no incluye una varita mágica para hacerte millonario o convertirte en García Lorca, pero sí incluye las respuestas a muchas de las preguntas que aparecerán durante el proceso de autopublicación de tus libros.

¿Estás seguro que quieres autopublicar tus libros?

"*¡Estás loco! La autopublicación es una pérdida de tiempo; es para perdedores y autores que han sido rechazados por editoriales*".

Esto es lo que tuve que escuchar cuando traté de autopublicar mi primer libro. Pero gracias a mi tenacidad, mis libros están ahora en manos de miles de lectores.

Autopublicar no es un camino de rosas y supone muchas horas de trabajo, ser extremadamente organizado, tenaz y paciente. Si tú no tienes estas cualidades quizás éste no sea tu camino.

Deberás disponer de un presupuesto mínimo para poder autopublicar y promocionar tus libros como editor independiente. La autopublicación no sale gratis.

Tendrás que hacer tú mismo el trabajo que hacen normalmente las editoriales para sus autores, pero no te preocupes, el proceso es muy excitante. Para evitar errores y conseguir que tu aventura sea exitosa deberás trabajar duro, pero los beneficios serán grandes:

- Tendrás más control sobre tu libro y las decisiones creativas.
- Obtendrás más beneficio económico en tus ventas.
- Aprenderás muchísimas cosas nuevas sobre el mundo editorial.

El trabajo real de autopublicación empieza cuando hayas terminado tu libro. Entonces comenzará un proceso largo pero excitante de meses de trabajo donde tendrás que:

- Preparar tu libro para su publicación, siguiendo las guías editoriales profesionales requeridas para obtener un producto de calidad.
- Escoger profesionales para poner tu libro a punto.
- Investigar y buscar consejos.
- Promover tu libro.

Como primerizo en el mundo de la autopublicación, con el tiempo te darás cuenta que hay mucha gente y empresas que tratarán de timarte y ofrecerte servicios a precios desorbitados. A estos los llamamos los buitres del mundo editorial. Ten cuidado con ellos y nunca pagues un servicio a precio alto cuando tú lo podrías conseguir mucho más barato simplemente investigando un poco y comparando.

¿Dónde puedo autopublicar mi libro?

El mundo de la autopublicación está en plena ebullición. Muchísimos escritores están autopublicando sus obras en vez de buscar editoriales o agentes para sus libros. Actualmente hay muchísimas compañías que hacen que el sueño de autopublicar esté al alcance de todos. Las empresas distribuidoras más populares son:

Bubok.es – Su página web es muy fácil de usar, con un diseño atractivo y claro. Los menús de la página están en varios idiomas, español, inglés, portugués y francés entre otros. Puedes publicar tu libro en formato de libro electrónico (Ebook) o imprimido en tapa blanda. Distribuyen los libros en las mayores casas distribuidoras como Amazon, El Corte Inglés, Google Books, Todobook, Casa del libro, etc. Puedes entregar y subir tu libro gratuitamente si está preparado para su publicación. Tienen servicio de ayuda al usuario por teléfono y email.

CreateSpace.com – Esta compañía es parte del grupo Amazon y facilita la publicación de libros en Kindle (formato electrónico exclusivo) y también en formato imprimido de tapa blanda y dura si lo deseas. Tus libros aparecerán en Amazon en tantos países como tú hayas seleccionado. La publicación y entrega del libro es gratuita si subes los archivos del libro siguiendo sus guías de publicación. No tiene servicio de ayuda al usuario por teléfono, solo por email y su página web esta solo en inglés. Publicar en Amazon es esencial para autores pues es la plataforma de venta de libros más potente del momento.

Smashwords.com – Esta empresa distribuye solo Ebooks, pero si publicas con ellos te los distribuyen a las plataformas más importantes de venta de libros electrónicos. Apple iBookstore, Barnes & Noble, Sony Reader Store, Kobo, the Diesel Ebook Store, Baker & Taylor's Blio and Axis360 ,etc. No cobran por publicar tu libro pero se llevan un porcentaje de las ventas. No tiene servicio de ayuda al usuario por teléfono, solo por email y su página web está solo en inglés.

lulu.com/es – Distribuyen tanto Ebooks como libros de tapa blanda y dura, a tu elección. Dependiendo de los servicios que selecciones puede que te cobren una tarifa fija por la publicación de tu libro. Su página web es fácil de usar, con un diseño moderno y atractivo y tienen servicio de ayuda al usuario por teléfono y email.

Otras páginas web en las que puedes autopublicar tus libros son:

- Casa del libro www.casadellibro.com/autopublicacion/landingAutopub
- Kindle (digital) www.amazon.es/kindle
- liibook (www.liibook.com)
- Blurb (papel) www.blurb.es
- XinXii (papel) www.xinxii.es
- Scribd.com (digital) www.scribd.com
- FastPencil Inc www.fastpencil.com
- Ediciones QVE (papel) www.edicionesqve.com
- Mispalabras (papel) www.mispalabras.es/
- Pasión por los libros (papel) www.pasionporloslibros.es
- Punto Didot (papel) www.puntodidot.com/

- Upabook (digital) www.upabook.es
- Editorial Celya (papel y CD)
  www.editorialcelya.com/publicatulibro.asp
- Artgerust www.artgerust.com/

Mi consejo número 1 para principiantes:

Investigar, investigar e investigar. Durante el proceso de autopublicación aparecerán muchísimas preguntas y decisiones que tendrás que tomar rápidamente. Cuando no estés seguro/a no te estanques:

1. Utiliza Google para buscar respuestas. Te sorprenderá la cantidad de páginas, blogs y respuestas que encontrarás. Filtra los resultados hasta que encuentres lo que buscas. Busca páginas en español pero también en inglés pues el mercado de la autopublicación esta más avanzado en el mundo Anglosajón por ahora.
2. Utiliza los blogs y los foros que tienen la mayoría de las empresas de autopublicación para autores que usen sus servicios. Los autores se ayudan unos a otros en esos foros con preguntas y respuestas. Puede que tardes un poco en recibir respuestas según los usuarios que haya en ese momento en el foro, pero ten paciencia.
3. Lee libros especializados en autopublicación dónde encontrarás soluciones prácticas para agilizar el proceso. Antes de comprar cualquier libro especializado lee atentamente la sinopsis y las reseñas de otros lectores para asegurarte de que es el libro que buscas.

Antes de autopublicar mis libros dediqué un tiempo a investigar y leer algunos libros especializados en el tema. Compré cuatro libros y me los leí de cabo a rabo. Aprendí muchos trucos y me dieron ideas pero la mayoría de los libros eran muy generales y no conseguí las respuestas prácticas que realmente necesitaba para autopublicar. Con el tiempo me di cuenta que esas respuestas eran esenciales para tener éxito en el proceso. Necesitaba una guía que me explicara todos los pequeños detalles y las respuestas a los problemas prácticos que me iba encontrando por el camino, pero no pude encontrarlo en esos libros. Tuve que encontrar las respuestas por mi mismo en los foros e investigando en la web. Un proceso lento, agotador y que consumió mucho de mi tiempo.

Por esta razón decidí escribir este libro. Para ayudar a nuevos autores y facilitarles, si no todas, casi todas las respuestas a los pequeños retos y preguntas que encontraran por el camino de la autopublicación de sus libros.

Servicio de apoyo gratuito para mis lectores vía email. Maximo Kovak

Como yo he vivido las dificultades del proceso de autopublicar y se lo frustrante que es esperar por repuestas, he decidido aparte de escribir este libro ofrecer a mis lectores la oportunidad de contactarme directamente vía email con sus preguntas relacionadas a la autopublicación. Solo tened en cuenta que recibo docenas de preguntas por semana por lo que puede que me tome algún tiempo el responder a todas, pero recibirás mi contestación, te lo aseguro.

Este servicio solo está destinado a los lectores de este libro, si no imagina cuantos emails recibiría todos los días. Al final de este libro verás un código para acceder al **servicio de apoyo vía email**. Cuando me contactes asegúrate de incluir ese código en el email. Solo responderé emails con preguntas técnicas que incluyan el código. Estamos aquí para ayudarnos los unos a los otros. Tus preguntas y comentarios son bienvenidos.

CAPÍTULO UNO

Consideraciones Importantes Antes de Autopublicar

Termina tu libro

Si estás leyendo este libro supongo que ya habrás terminado tu libro o tienes cierto material para publicar. Sin material no puedes autopublicar.

¿Has terminado tu libro ya? ¿Estás listo/a para publicar?

Muy bien, pero no corras tanto. Yo te recomendaría poner tu manuscrito en un cajón durante una o dos semanas. Debes estar pensando que estoy loco, ¿verdad?

La mayoría de los autores queremos hacer todo el proceso rápidamente, ver el libro publicado y disponible lo antes posible para así podernos relajar. Me temo que no es tan sencillo.

Para por un momento y recuerda que tu objetivo es que tu libro lo lean y lo compren. Antes de publicarlo tienes que asegurarte que el material esta pulido y preparado. Tienes que estar contento con lo que hayas escrito y asegurarte que lo que publicas tiene cierta calidad, para ello deberás revisar todo el manuscrito por lo menos una o dos veces antes de tener tu manuscrito final.

Por otra parte, esto te ahorrará problemas cuando lo mandes al corrector /editor para que lo revise. Una vez que el corrector esté trabajando en tu manuscrito, si empiezas a hacer cambios de último momento, añadiendo cosas que se hayan olvidado por no revisarlo o eliminar errores, puede que te cobre más por no tener las cosas claras y darle más trabajo al corrector.

La razón de poner tu libro en un cajón es muy sencilla. Darle a tu mente un descanso del material que has escrito, así cuando vuelvas a leerlo puedes ser mas objetivo/a y encontrar más fácilmente errores que hayas cometido, problemas de fluidez o cosas nuevas que puedas añadir para enriquecer el texto. Básicamente esta es tu última oportunidad para abrillantar tu libro y asegurarte de que lo que vas a publicar tiene la calidad que buscas.

Si tienes contactos que sean periodistas o escritores, no te lo pienses y pídeles que te ayuden a revisar tu libro o por lo menos algunos capítulos. Puede que te den algunos consejos que mejoren la calidad de tu libro.

Al escribir tu libro también deberías considerar y pensar en la audiencia a la que te quieres dirigir, al fin y al cabo el libro es para ellos. Por ejemplo cuando escribí mi libro "First Floor Room 16" sabía que mi grupo de audiencia principal sería la comunidad gay pues el tema del libro estaba relacionado a ellos directamente, sin embargo, también quería atraer a la audiencia femenina o bisexual con interés en historias eróticas. Mientras escribía el libro tuve esto en mente y me asegure que las escenas sexuales fueran lo suficientemente picantes para atraer a la comunidad gay pero sin ser demasiado explícitas para no ahuyentar a las otras audiencias potenciales.

Recuerda que no tendrás una editorial o agente revisando los contenidos antes del lanzamiento, por lo tanto si quieres publicar un material que no te avergüence después asegúrate de que haces las revisiones mencionadas antes de mandarlo a ningún sitio.

Libros de poca calidad, NO VENDEN.

¿Autopublicar sólo en el mercado español, o también en el internacional?

A la hora de autopublicar tendrás que decidir si quieres hacerlo solo para el mercado castellano parlante o si deseas publicar tus libros internacionalmente en el mercado inglés dónde también hay muchos lectores del castellano. Si tu nivel de inglés es suficientemente bueno, podrías hasta considerar publicar en los dos idiomas abarcando asi el mercado anglosajón también.

El mundo de la autopublicación ha avanzado muchísimo en los últimos años y muchas empresas están ya trabajando en el mercado español ofreciendo todos sus servicios en español, pero si deseas publicar internacionalmente verás que las empresas más populares solo tienen páginas web y servicios en inglés.

Cuantos más mercados abarques, más posibilidades tendrás de vender tus libros, pero adentrarte en el mercado internacional sin saber nada de inglés te será muy difícil. Yo te aconsejaría que empieces con el mercado español y si todo te va bien y tu libro vende, lo puedes autopublicar en las empresas internacionales para aumentar tus opciones de venta. También deberías comparar las ganancias que cada empresa ofrece a los autores, algunas empresas internacionales ofrecen más margen que las españolas y otras al revés.

Si tu libro se convierte en un éxito en el mercado español, te aconsejaría que lo tradujeras al inglés y lo vendas en el mercado anglosajón utilizando las empresas internacionales más populares descritas en este libro u otras que tú encuentres.

El contenido. ¿Muy corto o muy largo?

Cuando escribí mi primer libro no sabía que la amplitud de mi libro afectaría a muchísimos factores durante el proceso de la autopublicación:

9

La corrección y la maquetación. No es lo mismo corregir un libro de 120 páginas que uno de 400. Cuanto más largo sea tu libro, mayor el coste de corrección.

Los precios de la tabla de abajo te darán una idea del coste pero variarán dependiendo del profesional o compañía que elijas:

	100-250 Páginas			250-450 Páginas		
Corrección	£200-£300	$300-$450	€230-€345	£500-£700	$748-$1,050	€572-€800
Maquetación para Ebook	£30	$45	€35	£100	$150	€115
Maquetación para libros imprimidos	£55	$80	€63	£150	$225	€172

El coste de publicación de tu libro imprimido en tapa blanda o dura: Muchos autores desean publicar sus libros en formato electrónico pero también en tapa blanda o dura. La maquetación de libros imprimidos es muy diferente a la de libros electrónicos por lo que tendrás que pagar dos maquetaciones diferentes si decides publicar en los dos formatos.

Por otra parte el número de páginas de tu libro influenciará en el coste de impresión y por lo tanto el precio al que lo podrás vender.

Te sugeriría que también probaras el calculador de ganancias (royalties calculator – calculador de ganancias del autor) en Createspace si entiendes bien la lengua inglesa. Allí podrás ver claramente como el número de páginas que tenga tu libro influenciara en el precio al que lo puedas vender, el coste de impresión y tus ganancias.

Para probar el calculador tendrás que escoger:

1. El tamaño de encuadernado (trim size) elige la opción de 5.5 x 8.5 que es el tamaño estándar.

2. El número de páginas. Juega con el número de páginas y veras como las ganancias varían.

3. Tipo de páginas. Elige blanco y negro (black and white) si tu libro no incluye fotos o ilustraciones.

Ve a esta página y selecciona la pestaña que dice "Royalties" CreateSpace.com/Products/Book para jugar con el calculador.

Si solo vas a publicar en el mercado español o no sabes inglés puedes probar el calculador de la página web de Bubok, que está en español. Ve a su página bubok.es al final de la página encontrarás un menú con un enlace para abrir el calculador.

¿Has jugado con el calculador ya? Supongo que te habrás dado cuenta que el número de páginas que tenga tu libro influye directamente en el precio de venta y en las ganancias. Cuanto más caro vendas tu libro, menos competitivo será con otros títulos que tienen un precio más asequible. Por otra parte si vendes tu edición impresa a un precio muy bajo las ganancias son pocas o nulas. Esto parece una trampa, ¿verdad? Bueno, en parte lo es, pero la solución es sencilla. Si escribes libros que no son ni muy cortos ni muy largos, facilita el obtener mejores ganancias cuando autopubliques. Libros de entre 150 -250 páginas son menos costosos de imprimir que libros de 300- 500 páginas, por lo que las ganancias serán mayores y el precio de venta será más competitivo.

Escoger el tamaño del libro: encuadernado. El tamaño que elijas está también relacionado con el número de páginas de tu libro y afectará al precio de ventas y a las ganancias.

Los tamaños de encuadernación más populares para publicar en empresas internacionales como Createspace, Smashwords o Lulu son (6 x 9) y (5.5 x 8.5) estas medidas son en pulgadas (inches) y no en centímetros. Los libros mas largos, con muchas páginas, se beneficiarán al utilizar (6 x 9) pues es más grande y al maquetar el libro se reducirán las páginas. Por el contrario, si tu libro es muy corto y utilizas el tamaño (5.5 x 8.5) tu número de páginas aumentará después de la maquetación.

Es tu libro. Tú decides como lo quieres. Antes de maquetar y de diseñar la cubierta de tu libro tendrás que saber qué tamaño quieres. Los tamaños de encuadernación en las empresas españolas son un poco diferentes, siendo los más usados (15 x 21) y (10.8 x 17.5) cm.

¿Qué precio debo elegir para mi libro? Esta es la gran pregunta. Cada persona te dirá algo diferente en relación al mejor precio de venta, pero lo que no engaña es la situación actual del mercado y los títulos con precios que venden más. Recuerda que el número de páginas de tu libro estará directamente relacionado con el precio de venta que puedas poner. El precio de libros electrónicos (eBooks) es mucho mas bajo por razones obvias, los lectores saben que el coste de preparación es menor por lo que esperan pagar menos por un eBook que por uno imprimido. La mayoría de las empresas de autopublicación indirectamente fuerzan a los autores a reducir los precios de sus eBooks al crear secciones de precios reducidos para atraer a los lectores ("menos de 2.99€" o "libros gratuitos").

Si eres un autor nuevo y nadie te conoce, tendrás que jugar tu estrategia de precio adecuadamente para poder atraer a tus lectores.

Si tu razón de publicar es simplemente que tu familia y amigos lean tu obra maestra, entonces puedes poner el precio tan alto como quieras, pero si tus intenciones son el vender a un público más amplio y atraer el mayor número de lectores, entonces tendrás que establecer un precio más bajo y competitivo.

Cada vez que me encuentro en la calle o en el metro a alguien leyendo un libro electrónico les pregunto: ¿Cuál es tu criterio de precio al comprar eBooks? La mayoría confesó que no se gastaría mas de £5 / 6€ en un libro a no ser que sea un autor muy conocido y recomendado. Y si pueden conseguir dos libros por ese precio, mucho mejor. También me dijeron que miraban a menudo la lista de libros más vendidos y los que tienen mejores reseñas, para encontrar libros interesantes.

¡Pues aquí lo tienes! Para vender más, tienes que conseguir buenas reseñas de tus lectores e intentar llegar a la lista de los más vendidos.

Para conseguir esto tendrás que trabajar duro en tu estrategia de ventas y marketing.

Si comparas precios en Amazon u otras páginas web de venta de libros observarás que los libros de ficción tienen precios más bajos que los de consulta o autoayuda, por ejemplo. Todo esto dependerá también de quién es el autor, el número de páginas y otros factores.

Si planeas publicar tu libro en tapa blanda o dura deberás tener en cuenta que los precios son muy diferentes a los de los eBooks. El precio de mi primer libro fue 2.99€ para la versión electrónica y 6.86€ para la edición de tapa blanda. Estuve muy tentado a poner el precio de 8.99€ para la tapa blanda pero decidí que era mejor vender más a un precio mas bajo, que vender poco a un precio alto. El momento adecuado para tomar decisiones sobre el precio de tu libro es mientras está siendo corregido. Justo después de la corrección tendrás que tomar ciertas decisiones, y una de ellas será el precio.

El título de tu libro

La elección del título adecuado para tu libro es muy importante y afectará áreas diferentes:

- Tu título competirá con otros miles por lo que deberá ser atractivo a primera vista y deberá dar una idea sobre el contenido o el tipo de libro. Algunos autores eligen tener un título principal y otro secundario con más información.
- Si por casualidad eliges un título con palabras similares a otros títulos ya publicados, puede que no aparezcas en primera línea de resultados cuando lectores busquen por títulos o palabras claves. Esto disminuirá tus oportunidades de ventas. Cuando estés buscando un título para tu libro, piensa en distintas opciones e investiga en páginas de ventas de libros, para asegurarte de que no existen otros libros con exactamente el mismo título.

- Muchos autores deciden crear una página web con cada libro que publican y utilizan el título del libro como dominio. Otros tienen una página de autor dónde insertan información sobre cada libro publicado. En cualquier caso debes asegurarte que el dominio con el título de tu libro está disponible para ahorrarte sorpresas después.

La sinopsis

Una vez que has terminado tu libro y mientras esta siendo corregido, es el momento perfecto para escribir la sinopsis. Vas a necesitar dos tipos:

- Una sinopsis corta: donde describas el libro en tres o cuatro frases. Este tipo de sinopsis será requerida cuando registres tu libro para publicación y será lo primero que potenciales lectores lean antes de comprar o no tu libro.
- Una sinopsis larga: dónde describas el libro con más detalles en unos tres o cuatro párrafos. La sinopsis larga también será requerida cuando registres tu libro y también puede ser usada para el texto de la contraportada. Se creativo/a y piensa en tu audiencia cuando la escribas.

El diseño de la cubierta

Tras haber terminado la sinopsis, puedes empezar a mirar diseños para tu cubierta.

Pero... ¡yo nunca he diseñado una cubierta! Posiblemente estés pensando.

¡Yo tampoco! No necesitas ser Picasso para empezar.

Si tu presupuesto de autopublicación es generoso, no te quieres complicar la vida y te puedes permitir el pagar los servicios ofrecidos por las empresas en las que vas a publicar, pues ya tienes tu solución. Yo personalmente nunca los he utilizado y creo que sus precios son un abuso.

Si por el contrario tu presupuesto es bajo y tienes cierto conocimiento usando Photoshop o Publisher u otros programas donde puedas hacer algunos esbozos, ¿a qué estás esperando para ponerte manos a la obra? Crea tu propio diseño.

Si no tienes conocimiento utilizando programas de diseño, no te preocupes, hay muchas cosas que puedes hacer para ahorrarte dinero con el diseño:

1. Piensa qué tipo de imagen quieres tener en tu cubierta. Puedes comprar por un precio razonable fotos online con los derechos para publicar. Busca en Google "stock fotos" y encontrarás muchas empresas que venden fotos en alta definición. Utilizando el menú o la barra de búsqueda en sus páginas web puedes buscar fotos relacionadas con el tema que te interese. Yo personalmente uso una empresa llamada colourbox.com pues garantizan los derechos para la utilización de sus fotos como portadas. El precio por foto es de unos 10€. Asegúrate de que guardas el recibo de tus archivos para poder demostrar que tienes los derechos de publicación de esa imagen cuando te haga falta.

2. A esta altura ya deberías saber cuál va a ser el título de tu libro. Una vez que tengas tu imagen elegida, juega con el título, tipo de fuente, tamaños, colores, etc. Así te harás una idea de cómo podrá ser tu cubierta.

Simplemente por hacer estas pequeñas tareas te podrás ahorrar mucho dinero. Te lo explico.

Diseño completo: Si le pides a un diseñador que te haga una cubierta para tu libro (sin darle ninguna idea, fotos, o preferencias de diseño) puede costarte unos 150€ -200€.

Diseño de colaboración: si hablas con el diseñador y le ofreces claras guías de lo que quieres (incluyendo fotos e ideas para el diseño) él estará haciendo un trabajo de colaboración en vez de un diseño completo. El precio medio para trabajos de colaboración es de 50€. Como ves, simplemente por investigar un poco por tu parte y conseguir algunas ideas para tu diseño puedes ahorrar bastante en tu presupuesto.

Cuando hables con diseñadores y les pidas presupuestos, explícales dónde quieres publicar tu libro de tapa blanda o eBook. Cada compañía de publicación tiene guías estrictas que hay que seguir para que la cubierta sea aceptada y publicada. Para eBooks solo necesitarás la cubierta de arriba pero si publicas una edición impresa en tapa dura o blanda necesitarás un diseño de cubierta completa, por delante y por detrás.

El diseñador necesitará que le pases la información crucial para poder hacer el diseño concorde a las guías de publicación: el tamaño de encuadernado del libro; si será tapa dura o blanda; el tipo de papel que utilizarás, y el número de páginas del libro una vez haya sido maquetado para la edición imprimida.

Hay muchos sitios en la web dónde puedes encontrar diseñadores. Yo normalmente utilizo peopleperhour.com y fiverr.com para diseños sencillos o de presupuesto bajo /medio. Recuerda que en este caso solo escogerás un diseñador y cualquiera que sea el resultado tendrás que aceptarlo y pagarlo. Por ese motivo es importante que seas muy claro/a a la hora de describir lo que quieres del diseñador/ra.

Vamos a ver otras opciones.

1. Me gustaría tener más de un diseñador y conseguir varias propuestas de diseño en vez de solo una.
2. No soy muy bueno/a con el tema del diseño. Prefiero que me lo hagan todo sin darle muchas pautas y que ellos propongan ideas.

3. Quiero una cubierta genial pues es un libro muy especial y tengo un buen presupuesto para el diseño de este libro.

¿Eres tú esta persona?

Entonces te recomendaría ir a por la opción de subasta en la página web 99designs.co.uk/book-cover-design.

Diseño tipo subasta:

En este tipo de páginas puedes enviar una solicitud explicando el tipo de diseño que buscas y cuánto deseas pagar. Los diseñadores que estén interesados te mandarán propuestas de diseños y tu podrás elegir entre todos el diseño que más te guste. Este método es perfecto para conseguir cubiertas con diseños de excelente calidad y para personas que no se quieren involucrar mucho con el proceso del diseño o no tienen las ideas claras. Este método es menos arriesgado pues tienes varios cerebros pensando y proponiendo en vez de solo uno, pero normalmente sale más caro pues para atraer a más diseñadores a la subasta tendrás que proponer un precio competitivo. Entre 150€ y 200€ mínimo.

La corrección de tu libro

Por supuesto pagar o no un profesional para corregir tu libro es una decisión personal. Algunos autores deciden hacerlo ellos mismos pero revisar tu propio material sin ser un especialista puede ser arriesgado. ¿Quieres realmente publicar un libro que después te avergonzará cuando descubras que se te han pasado varios errores gramaticales o ciertas expresiones eran incorrectas? ¿Quién te tomará entonces como un autor serio?

Antes de publicar nada, tu libro tiene que estar perfecto y para ello tendrás que usar los servicios profesionales de un corrector (copy-editor) para que revise tu manuscrito en busca de problemas gramaticales, fluidez, puntuación, errores tipográficos, etc.

¿Cuál es la diferencia entre corrección y maquetación?

Normalmente un corrector revisará los problemas de puntuación, gramática, terminología, semántica y se asegurará que cualquier cambio realizado se adhiere al estilo de escritura del autor (tú), siguiendo las guías profesionales para la publicación.

Un maquetador preparará tu libro para la edición impresa o electrónica siguiendo los requerimientos de formateado exigidos por la empresa de distribución donde tú vas a publicar tu libro. Los maquetadores no hacen correcciones gramaticales pero ajustan el texto, las fuentes y los títulos para que tengan una apariencia profesional y fácil de leer. Tu maquetador te facilitará un archivo que será directamente aceptado y fácil de subirse a la página dónde publiques tu libro. La maquetación de eBook es muy diferente la maquetación para ediciones impresas. Si vas a publicar ediciones electrónica e impresa tendrás que hacer maquetaciones independientes para cada edición.

El proceso de corrección puede durar de una a tres semanas dependiendo de lo largo que sea tu libro. La corrección de tu libro será posiblemente la parte más cara del proceso, costando entre 100€ y 400€ dependiendo del número de páginas.

Para encontrar editores puedes:

- Google "asociaciones de correctores de textos" o "editores y correctores de libros".
- Puedes buscar correctores en los foros de las mismas empresas distribuidoras dónde vas a publicar.
- También puedes buscar páginas web de profesionales autónomos dónde ofrecen sus servicios como peopleperhour.com. Utiliza la barra de búsqueda para encontrar correctores/editores (copyediting/proofreading). Yo utilizo esta página normalmente cuando tengo que encontrar profesionales: diseñadores de webs, maquetadores, correctores, etc.

Puedes abrir un perfil y solicitar un trabajo específico con tu presupuesto o precio fijo a pagar o también puedes pagar por horas. Yo normalmente prefiero poner un precio fijo pues es más seguro. Los profesionales te enviarán mensajes con sus propuestas y tú puedes aceptar la que más te guste. Antes de decidir asegúrate que lees las reseñas que otros usuarios han escrito en el perfil del profesional y de echar un vistazo al curricular y experiencia de la persona a contratar. Pero la herramienta más interesante de este tipo de páginas es el método de pago. Normalmente te piden un depósito por adelantado de 40% o 50% del total, lo cuál es normal, pero el dinero lo retiene Peopleperhour hasta que el trabajo está terminado y tú estás contento con los resultados. Si todo sale bien, pagas la otra mitad, recibes el trabajo hecho y el profesional te envía un recibo de pago. Si algo sale mal siempre puedes quejarte a Peopleperhour y negarte a pagar.

Mi consejo es que siempre mantengas comunicación con el profesional contratado a través de Peopleperhour, así todo queda grabado en caso de que algo salga mal. Esta empresa tiene servicio de atención al cliente por teléfono y por email pero en inglés.

¿Seudónimo o nombre real? Copyright, derechos intelectuales

Cuando empecé a escribir y autopublicar sabía que usaría un seudónimo en vez de mi nombre real. Algunos de mis libros contienen temas eróticos y no quería exponer mi nombre real al público. Esto me preocupaba pues no estaba seguro de cómo afectaría a mis derechos de autor. Me puse a investigar y encontré la solución perfecta para proteger tus escritos cuando usas un seudónimo o tu nombre real.

Solo tienes que registrar tu libro en la oficina del registro de la propiedad. Entonces recibirás un certificado demostrando que eres el dueño de ese manuscrito y en el caso de usar un seudónimo, aparecerán tu nombre de autor y tu nombre real. Con esto podrás demostrar que tú eres el autor en cualquier momento.

A partir de ese momento puedes esconderte detrás de tu seudónimo durante todo el resto del proceso de autopublicación. Cuando contactas profesionales, cuando te registras en páginas de internet, en tus perfiles sociales de la web, conectando con periodistas, etc.

Mi consejo es registrar tu libro cuando ya esté corregido, editado y la cubierta esté lista, para entregar tu manuscrito final sin errores. Si lo envías antes y después necesitas hacer cambios, te cobrarán otra vez la tarifa de registración.

Cuando rellenes la solicitud es muy importante que diferencies claramente cuál es tu nombre real y cuál es tu seudónimo si decides usar uno. Por ejemplo: (Nombre real – John Thomas) (Seudónimo - Maximo Kovak).

Aquí tienes unos ejemplos de sitios donde puedes registrar tus libros dependiendo del país:

- Inglaterra: (coste £39) www.copyrightservice.co.uk/
- En América USA: (coste 35$) www.copyright.gov
- En España: (coste 15€) www.mcu.es/propiedadInt/CE/ Registro Propiedad/ImpresosSolicitud.html
- Otras opciones: (coste 40€) www.safecreative.org

Solicitar la exención de impuestos

Este apartado es muy importante si has decidido publicar tu libro en el mercado internacional.

La mayoría de compañías distribuidoras dónde podrás autopublicar tus libros internacionalmente están en USA o distribuyen en América del Norte. Cuando autopublicas tu libro a través de ellos, tu libro estará disponible en USA y en los otros países que hayas elegido. Para autores que estén considerando publicar usando Createspace, Lulu, Smashwords o cualquier otra compañía que distribuya en el mercado de USA, aconsejaría leer detenidamente la información que viene a continuación.

¿Sabías que USA cobra un 30% de impuestos por cada libro vendido en su territorio, a no ser que hayas solicitado la exención de impuestos? Sí, el 30% será deducido automáticamente de tus ganancias a través de la empresa distribuidora que hayas elegido. ¡¡Lo sé!! Un sablazo total.

Cuando descubrí este tema justo antes de publicar mi primer libro, me volví loco leyendo artículos en foros de autores relacionados con la exención de impuestos para autores. Fue imposible conseguir prácticas respuestas y soluciones al problema. Cada autor me aconsejaba algo diferente y la información en las empresas de distribución no era clara y siempre faltaban detalles importantes. Tuve que dedicar horas y horas de investigación para conseguir las soluciones más prácticas para el problema.

Aquí tienes una explicación detallada sobre el tema de exención de impuestos en USA, quizás no obtengas absolutamente todas las respuestas, pues todo depende desde que país vas a publicar, pero seguro que la información aportada te ahorrará muchos quebraderos de cabeza.

Las dos formas de solicitar la exención:

1. **La forma vaga:** pagando un servicio de agencia aprobada por el IRS (oficina de impuestos Americana) los cuales te ayudarán a solucionar todo el papeleo. Pero no son baratas, cobran unos 500€ por el servicio. ¿Verdaderamente quieres gastarte ese dinero cuando lo puedes hacer tu mismo? Si así lo deseas aquí tienes el enlace dónde puedes encontrar la agencia más cercana, pero está en inglés. http://www.irs.gov/Individuals/Acceptance-Agent-Program

2. **Hazlo tú mismo:** De esta forma puedes ahorrarte mucho dinero de tu presupuesto, que podrás utilizar para otras cosas más productivas como la promoción de tu libro. Pero te aviso que este camino no es fácil. Tendrás que

ser muy organizado/a y seguir las instrucciones cuidadosamente. Si te equivocas con los contenidos de la solicitud, será rechazada por el IRS y tendrás que echar la solicitud de nuevo. A continuación tienes las instrucciones para hacerlo tú mismo. Sé paciente.

¿Por qué debo solicitar la exención de impuestos en USA?
Muy sencillo, porque si no lo haces y publicas en su país, te cobrarán un 30% de impuestos por cada libro. Muchos países se benefician de un tratado con USA que reduce los impuestos a pagar en estas situaciones (autores/publicaciones). Por ejemplo, los residentes en Inglaterra tienen un tratado de 0% por lo que si solicitan exención y es aprobada, no tendrán que pagar nada. Si eres un ciudadano de USA que vive en el extranjero también tendrás que solicitar la exención. Aquí tienes algunos ejemplos de cómo la exención funciona en diferentes países. Estos porcentajes pueden ser anulados o cambiados sin previo aviso por el gobierno Americano:

* Canadá: 0%
* Australia: 5%
* Reino Unido: 0%
* Japón: 0%
* India: 15%
* España 10%

Si tu país no está en esta lista puedes encontrar más información sobre tratados con América del Norte en la página 38 de este documento pdf y descubrir si tu país tiene un tratado o no con USA: http://www.irs.gov/pub/irs-pdf/p515.pdf

Ten en cuenta que este documento es modificado a menudo, así que si el enlace no funciona, siempre puedes ir a la página web principal del IRS www.irs.gov/ y buscar Withholding of Tax on Nonresident Aliens and Foreign Entities pdf.

El proceso para solicitar la exención de impuestos es casi igual para todos los países con tratado. Sólo tienes que seguir los ejemplos facilitados a continuación y adaptarlos a tus necesidades. Me temo que todos los documentos que tendrás que leer y escribir para solicitar exención están en inglés. Si no sabes inglés o no tienes a alguien que te ayude con el idioma te será muy difícil solicitar el descuento de impuestos.

He decidido dejar las instrucciones en inglés pues todos los documentos que tendrás que rellenar estarán en inglés y así podrás identificar fácilmente cada sección.

Si el país donde resides tiene un tratado con USA, podrás solicitar tu exención identificándote como uno de estos tres grupos:

- Ciudadanos no americanos individuales que actúan como empresa.
- Ciudadanos no Americanos individuales que actúan individualmente como autónomos y no como empresa.
- Ciudadanos de USA que viven en el extranjero.

| Non USA citizens, individuals and business (employers) To simplify, this option is for people or corporations that will act as employers. | Documents: SS-4 form Commitment letter Certified copy of your passport W-8BEN non-individuals form | Step1. To get your taxpayer identification number (TIN) or EIN (for businesses) using the SS-4 form. You need to apply to the IRS in the USA, or any IRS office near you. Step2. Provide CreateSpace with the W-8BEN non-individuals form to stop them withholding your tax. |
| Non USA citizens, individuals. Authors that work individually, not as a business or | Documents: W7 form Commitment letter Certified copy of your | Step1. To get your (ITIN) number using the W7 form. You need to apply to |

| corporation. | passport
W-8BEN individuals
form | the IRS in the USA, or
any IRS office near you.
Step2. Provide
CreateSpace with the
W-8BEN individuals
form to stop them
withholding your tax. |
| **USA citizens living abroad.** | **Documents:**
Your SSN (Social Security number)
W9 form | All USA citizens or residents in the country
have an SSN. You have
to provide this number
to CreateSpace, with a
W9 form. |

¿Cuándo es el momento adecuado para echar la solicitud?

El proceso de la solicitud para conseguir la exención de impuestos en USA puede tardar entre dos y tres meses por lo que yo aconsejaría que empezaras lo antes posible. Quizás el momento más conveniente sea cuando tu libro está siendo revisado, así ya tendrás tu código (numero de identificación fiscal) preparado cuando vayas a publicar tu libro en la empresa/s distribuidora/s.

¿Dónde puedo conseguir las solicitudes?

Vé a la página web de la IRS y utiliza la barra de búsqueda para conseguir las solicitudes relevantes a tu caso, W7 form o SS-4 form, etc. (www.irs.gov)

¿Dónde puedo conseguir la carta de compromiso (commitment letter)?

A muchos autores les cuesta conseguir las solicitudes y aprender cómo rellenarlas. A continuación te explico cómo hacerlo.

La carta de compromiso es requerida por la IRS para que expliques las razones por las que deseas solicitar la exención de impuestos. La empresa distribuidora que utilices deberá facilitarte esa carta o por lo menos un ejemplo para que tu lo puedas adaptar y rellenar con tu nombre. Recuerda que para el tema de impuestos y temas legales no puedes utilizar tu seudónimo, debes usar tu nombre real. Sin esta carta muchas solicitudes han sido rechazadas.

• Para conseguir la carta escribe directamente a la empresa distribuidora, Createspace, Smashowrds o la que utilices y pídeles que te la manden.

• También puedes encontrar información sobre el proceso y los enlaces para conseguir los documentos en la página de createspace.com , usa la barra de búsqueda y escribe "Tax information". Aparecerá un documento e información en inglés que es muy útil.

Si, lo sé, todo esto parece una locura, pero el que algo quiere, algo le cuesta. Todavía no entiendo por qué las empresas de distribución no facilitan las cosas mucho más, pero por ahora los autores están un poco a la deriva con el tema de los impuestos. Si realmente quieres publicar internacionalmente y ahorrarte dinero en impuestos deberás seguir el proceso. Tu distribuidor quiere que publiques para así llevarse su porcentaje, habla con ellos cuando tengas dudas pues para eso están ahí. Si no tienen servicio telefónico de atención al cliente, mándales un email y sé paciente, normalmente no tardan más de dos días en responder.

Conseguí las solicitudes pero no sé como rellenarlas.
Es muy importante que no te equivoques rellenando los formularios o serán rechazados por la IRS. Esta guía te ofrece algunos ejemplos para rellenar las solicitudes pero si tienes dudas puedes contactar con tu compañía distribuidora con tus preguntas o hablar directamente con la IRS. Aquí tienes el enlace dónde puedes encontrar la oficina IRS más cercana. (www.irs.gov/uac/Contact-My-Local-Office-Internationally)
Cuando yo los llamé, me tiré dos días al teléfono esperando. Tienes que ser paciente y continuar llamando hasta que te respondan. Ten preparadas todas tus preguntas en un papel. Una vez que respondan verás

que son muy amables y responderán a todas tus dudas. Por lo menos esa fue mi experiencia. Tendrás que hablar en inglés con ellos.

Recuerda que cada país tiene un tratado diferente con USA. Por lo tanto las secciones o respuestas en los formularios pueden variar dependiendo del país en que seas residente.

Guía ejemplo para rellenar la solicitud para residentes en Inglaterra.

Ten en cuenta que para mí sería casi imposible proveer la información específica para cada país, pues cada país tiene un tratado diferente pero aquí tienes un ejemplo. La forma de rellenar los formularios es casi la misma para todos los países.

Para ciudadanos no Americanos individuales que actúan individualmente como autónomos y no como empresa necesitaran recibir el ITIN (Numero de identificación individual) Para solicitarlo tendrá que mandar estos documentos en dos procesos:

A la oficina IRS:
1. El formulario W7 rellenado correctamente.
2. La carta de compromiso (commitment letter).
3. Una fotocopia certificada del pasaporte o permiso de conducir.

Una vez que has recibido tu ITIN debes rellenar otro documento y mandarlo a la empresa distribuidora en la que publicas tus libros para que no te cobre el 30%. Por ejemplo a Createspace, si utilizas esa compañía:
1. El formulario W8 rellenado correctamente.

El proceso completo tarda unas ocho semanas desde el momento que mandas los primeros documentos.

Aquí tienes un ejemplo para rellenar los formularios para ciudadanos no Americanos individuales que actúan individualmente como autónomos y no como empresa:

W7 form Fill in the form by hand.	Tick exception box (a)	Non-resident alien required to get ITIN to obtain tax treaty benefit
	Tick exception box (h) other	Write in the space provided "I d exception"
	Enter treaty country	Write "UK"
	Treaty article number	Write "article 12"
	Name section	Use your real name, not your pen name
	Your address	Your resident address
	You identification details	Passport or driving licence details
	Section 6a Country of citizenship	UK
	Section 6e have you ever received a ITIN number before?	No
	Signature / date / phone	Don't forget to sign, date, and include your phone number
Commitment letter. This letter is provided by the company you are publishing with, e.g. CreateSpace. This letter is directed to you; however, it explains to the IRS the reasons why you are applying for an ITIN. Without that letter, your application won't be accepted.	The publishing company you are using (Createspace, for example) should provide you with a letter template that includes: - Their company name. - Space to fill in the date and your name. - Explanation of why you have to apply for an ITIN. - Their signature.	The only thing you have to do is to print that letter then put the date and your full name in the spaces provided. Ideally the W7 form and the commitment letter should have the same date.
Passport certification	The easy and cheaper way.	If you are lucky enough to live in a city where the USA embassy has an IRS office,

27

Autopublicacion

Option 1. Take the documents and originals to the IRS office yourself.	like in London, you can pop in with your form, letter and a **colour** copy of your passport, plus the original. The IRS office will stamp and certify the copy for you free of charge. I would suggest you don't take any electronic devices or phones with you when you visit the USA embassy. They are very strict about security and you will have a smoother entrance if you don't take any such devices with you.
Option 2. Send the documents and the original identification document by post.	If you live too far away from an IRS office to call in, then you can post all the documents requested to the closest IRS office, with your original passport. You will have to provide a stamped, self-addressed envelope to get your passport returned. They will send back your passport soon after they receive your application
Option 3. The more expensive way.	If you do not want to send your original documents to the IRS office, then you will

28

		have to get a notary to certify your passport copy. That will cost you about £80. The certified copy also has to be stamped by your embassy or the Home Office, otherwise they might refuse your application. After that you can send it with your other documents to the closest IRS office.
W-8BEN form for individuals Once you get your ITIN, you have to fill in the W-8BEN form and send it to the company that distributes your book, including your member ID number on the top of the form: **CreateSpace** c/o Vendor Maintenance PO Box 80683 Seattle, WA 98108-0683 **Smashwords, Inc.** Attn: Tax Compliance Dept. PO Box 11817 Bainbridge Island, WA USA 98110	Section 1: your name	Write your full real name, not your pen name.
	Section 2: county of incorporation or organization	N/A
	Section3: type of beneficial owner	Tick box (individual)
	Section 4: your address	Write your full residence address
	Section 6: US identification tax payer number	Write your ITIN number and tick box (ITIN)
	Section 9: Claim of tax treaty benefits	Tick box (a) and write the country you are resident in. Tick box (b)
	Signature / date / capacity	Sign. Write date. Capacity in which acting: write "self".

You need to allow two weeks from the day you post the form for the process to be completed. From that time, you will be entitled to tax treaty benefits and the distributor won't withhold the 30% tax anymore.

Para ciudadanos no americanos individuales que actúan como empresa necesitan recibir un EIN (Número de identificación de empresario). Para solicitarlo tendrás que mandar estos documentos en dos procesos:

A la oficina IRS:

1. El formulario SS-4 rellenado correctamente.
2. La carta de compromiso (commitment letter).
3. Una fotocopia certificada del pasaporte o carnet de conducir.

Una vez que has recibido tu EIN debes rellenar otro documento y mandarlo a la empresa distribuidora dónde publicas tus libros para que no te cobre el 30%. Por ejemplo a Createspace, si utilizas esa compañía:

1. El formulario W8 rellenado correctamente.

SS-4 FORM This example is for individuals acting as employers. If you are filing the form as a business or corporation, the boxes to tick will be different depending on the type of company you have.	Section 1 Legal name or entity (or individual) for whom the EIN is being requested.	(Your full name) as individual employer (or if you are applying as a business or corporation you have to write your company name here)
	Section 4a and 4b	Your address
	Section 7a Name of responsible party	Your full name (not the company name)
	Section 8a	Tick "no" (if you are an individual)
	Section 9a Type of entity	Tick first box "A sole proprietor" SSN
	Section 10 Reason for applying	Tick box 3 Compliance with IRS regulations Tick box 4 other: To obtain a reduction of withholding imposed by section 1441 pursuant to an income tax treaty.
	Section 18	Tick "no"
	Signature and date	Sign and date the form

Passport certification	Same process as for individuals (non-employers)	
W-8BEN form for individuals or companies (employers) The form is the same but the answers in this case are different, as it is not for individuals but for employers and companies. Once you get your EIN you must fill in the W-8BEN form and send it to the company that distributes your book: **CreateSpace** c/o Vendor Maintenance PO Box 80683 Seattle, WA 98108-0683 **Smashwords, Inc.** Attn: Tax Compliance Dept. PO Box 11817 Bainbridge Island, WA USA 98110	Section 1: name of individual or organization	You write here your name, as individual employer, or the name of your company.
	Section 2 :	Write your country
	Section 3:	Tick box "corporation"
	Section 4:	Address, postcode and country
	Section 6:	Write your EIN and tick box (EIN)
	Section 9:	Tick box "a" and write your country Tick also boxes "b" and "c"
	Signature / date / capacity	Sign. Write date. Capacity in which acting: write "self"

Cómo obtener tu ISBN

¿Qué es un ISBN?

El ISBN es un número de 10 o 13 dígitos que se utiliza para identificar cada libro. Principalmente, la información contenida en el ISBN es el título, país de publicación, autor y la casa de publicación. Pero ahora vamos a concentrarnos en la parte que identifica quién es el que pública, pues es importante.

La mayoría de empresas de distribución te ofrecen un ISBN gratuito, si decides optar por esa opción debes saber que ellos se convierten automáticamente en la casa publicadora de tu libro y no tú. Tú sigues conservando los derechos de tu libro pues tu eres el autor pero el que ellos sean tu casa publicadora tiene consecuencias. Por ejemplo, si deseas publicar tu libro en otras empresas distribuidoras tendrás que obtener un nuevo IBSN pues no tienes el derecho de utilización.

Pero, ¿la mayoría de distribuidores dan los ISBN gratis? Pues cojo uno gratis de cada uno, y ya esta, ¿no?

No creo que sea buena idea el tener un mismo libro publicado con diferentes ISBN, uno diferente por casa sitio dónde publicas. Esto puede crear confusión y problemas a la hora de idetificar tu libro.

Para autores que sólo quieren publicar un libro, y en una compañía de distribución exclusivamente, quizás el obtener el ISBN gratuito sea una buena idea. Pero si piensas publicar más de un libro te recomiendo que te compres tus propios ISBN, así tendrás más control sobre tus obras y ahorraras problemas de identificación, etc.

Lo que pasa si usas un ISBN gratuito de Createspace o Smashwords:

Los dueños de la mayoría de los libros publicados en Createspace son ellos, esto significa que muchos autores han usado su ISBN gratuito en lugar de comprar el suyo propio a través de un agente. El ISBN gratuito identifica esos libros como un producto de Amazon (casa afiliada a Createspace). O sea que quién constará como casa publicadora es Amazon (Createspace) y no tú.

Los dueños del ISN son ellos así que ellos constan como publicadores. Tú como autor y dueño de tu libro siempre puedes retirar tu libro de esa compañía y llevártelo a otra pero con un ISBN diferente lo cuál puede crear mucha confusión. Cada libro (edición) debería tener un ISBN exclusivo.

Utilizar tu propio ISBN:

Para poder obtener tus propios ISBN tendrás que convertirte en tu propio editor o casa publicadora y registrarte como ello.

Conseguir tus propios ISBN no es importante si sólo vas a publicar un libro, pero si esto va a ser tu profesión y tienes planeado hacer más de una publicación por año a través de más de un distribuidor, conseguir tus propios ISBN es el camino mas adecuado.

Una vez que tienes tus propios ISBN puedes hacer lo que tu quieras con tus libros, venderlos dónde desees y cambiarlos de distribuidor sin problemas.

¿Tengo que registrar una compañía antes de obtener mi ISBN?

En general deberías pero no es estrictamente necesario en esta etapa del proceso a no ser que estés convencido/a que tu libro va a vender mas de un millón de copias en los primeros seis meses. Al comprar tus propios ISBN automáticamente te registrarás como editor o casa de publicación. Tu información será codificada en tus ISBN.

Como es normal, tendrás que declarar tus ganancias, por esa razón es normal que se te pida estar registrado como compañía o autónomo. Puedes ser travieso/a y registrarte después, pero para cuando compres tus ISBN tendrás que tener claro si serás una compañía en el futuro o un autónomo y qué nombre como editor o casa de publicación utilizarás. Esta información será requerida por la agencia que vende los ISBN.

¿Dónde puedo conseguir los ISBN?

Los ISBN se asignan a los editores en el país dónde tengan su oficina. Esto es independiente del tipo de lengua en el que se publique el libro o el mercado dónde lo vayas a publicar. Por ejemplo, si tu oficina está en Madrid pero vas a publicar un libro en inglés internacionalmente, sólo podrás obtener tu ISBN a través de una agencia española.

Lo que cuenta es dónde resides y no lo que publicas o dónde.

Cada país tiene agencias dónde facilitan los ISBN. Ve a Google y busca " ISBN agencia … y el nombre de tu país" así podrás encontrar fácilmente la agencia que más te interese y pedir los documentos para solicitar tu ISBN.

¿Quién puede solicitar el ISBN?

Cualquier editor que esté cualificado para publicar, vender y distribuir una obra. Al decir publicar queremos decir poner una obra a la disposición del público.

Pero yo no soy un editor, estarás pensando. Si lo eres, desde ahora mismo.

¿Qué es un editor o una casa de publicación (editorial)?

El editor es generalmente la persona o empresa que toma los riesgos financieros cuando lanza un producto (libro) al público. Si se lanza un producto y no genera ganancia alguna, es el editor el que sale perdiendo. Si te han pagado es porque seguramente eres un diseñador, maquetador o autor. El editor o casa de publicación no se lleva beneficios si el libro no vende.

No tienes por qué estar registrado como editor en el momento de solicitar tus ISBN sin embargo tendrás que registrarte antes o después para poder justificar las ganancias de tu libro y pagar los impuestos en tu país.

La agencia que provee los ISBN te pedirá cierta información: Nombre de la editorial o editor, tamaño del libro (encuadernado), precio de cada edición del libro (eBook, tapa blanda, etc.), tipos de formatos en que será publicado (eBook, tapa blanda, etc.).

¿Cuánto tiempo tardan en darte los ISBN?

En Inglaterra el servicio estándar tarda diez días excluyendo los fines de semanas y festivos. También ofrecen un servicio de entrega urgente más caro en el que recibes tus ISBN en tres días. Los días empiezan a contar cuando la agencia recibe los documentos solicitados y no desde el día en que los mandaste. En Inglaterra no piden confirmación legal de que estés registrado/a como editorial o editor pero sí te piden el nombre que vas a utilizar como editor o casa editorial. **Agencia de ISBN Inglaterra: www.isbn.nielsenbook.co.uk**

En España los pasos para solicitar un prefijo de primera asignación son los siguientes:

1. Envío de solicitud. La editorial cumplimenta y envía el formulario adjunto. Con la solicitud deberá adjuntar los siguientes documentos en formato electrónico:

- Copia del NIF or DNI
- Copia del formulario 036 de la Agencia Tributaria con el epígrafe 476.1 (edición de libros) en la casilla 402, o bien el Documento Único Electrónico (DUE) del Ministerio de Industria, Turismo y Comercio, con el epígrafe 5811 (Edición de libros) en la página 21 y siguientes.
- Formulario ISBN del primer libro que va a publicar.

2. Aviso de pago. En tres o cuatro días, la editorial recibirá la confirmación de la solicitud y la dirección URL en la que debe realizar el pago correspondiente.

3. Pago. Se puede realizar el pago mediante:

- Tarjeta de crédito o débito.
- Transferencia. Si prefiere realizar el pago por transferencia deberá disponer de una cuenta PayPal.

4. Entrega de códigos. En tres o cuatro días, la Agencia enviará a la editorial por correo electrónico, un archivo con los códigos asignados y las claves de acceso para solicitudes posteriores.

¿Puedo solicitar ISBN en España si no soy una editorial?

Las personas o instituciones que vayan a realizar una publicación con fines comerciales pueden solicitar un ISBN a la Agencia. Ésta les asignará un ISBN. Si la publicación no va a ponerse a la venta no tiene ningún sentido solicitar un ISBN.

Un autor/editor que sea una persona física debe adjuntar copia de DNI a su solicitud de ISBN, y proporcionar todos los datos necesarios para ser localizado en el apartado "Datos de la Editorial" de la solicitud. Si es una persona jurídica deberá adjuntar una copia del NIF de la entidad o empresa. **Agencia ISBN en España: www.agenciaisbn.es/** (Ir a la sección de nuevas editoriales / solicitud)

¿Cuánto cuestan los ISBN?

Inglaterra	www.isbn.nielsenbook.co.uk/	
ISBN	Entrega en 10 días	Entrega urgente 3 días
10 ISBNs	£126	£199
100 ISBNs	£294	£360
España	**www.agenciaisbn.es/**	
ISBN	Entrega en 4 días	Entrega urgente 1 día
10 ISBN	140€	190€
100 ISBN	594€	644€

¿Cuántos ISBN necesito para mi libro?
Necesitarás un ISBN por cada edición que publiques.

* ISBN para la edición de libro electrónico
* ISBN para la edición de tapa blanda.
* ISBN para la edición de tapa dura.

La mayoría de nuevos autores que autopublican sus libros solo lanzan la edición electrónica y algunos la de tapa blanda pues son los formatos mas comunes y asequibles. En ese caso necesitarás solo dos ISBN.

Cuando investigué sobre el número de ISBN necesarios para publicar mi primer libro encontré respuestas muy variadas que terminan confundiéndote. La realidad es que según la regulación actual, la cuál no ha sido actualizada para el nuevo tipo de mercado que está en ebullición (la autopublicación), se supone que autores/editoriales deben conseguir un ISBN por cada edición y formato que publican.

Cuando publiques tu libro electrónico (eBook) verás que tienes que elegir los tipos de formato para la publicación de tu libro. Estos formatos son los que facilitarán la lectura en distintos tipos de dispositivos. .epub, pdf, kindle, RTF, LRF, etc. Y aquí es dónde viene la confusión.

¿Necesitas un ISBN para cada formato? La respuesta es NO. Aunque la regulación diga que si, las empresas distribuidoras solo te pedirán un ISBN para tu libro electrónico, da igual cuantos formatos elijas para la publicación.

La conclusión es que cada vez que publiques un libro seguramente solo necesites dos ISBN, uno para la edición electrónica y otro para la edición impresa.

Si tu libro tiene éxito y decides traducirlo a otro idioma, necesitarás nuevos ISBN para esa edición. Por ejemplo:

ISBN 978-0-9475953-0-9	E-book edición en inglés	E-book precio £2.99
ISBN 978-0-9375953-0-9	Tapa blanda edición en inglés	Book precio £4.99
ISBN 978-0-9675953-0-9	Ebook edición en español	E-book precio €3.99
ISBN 978-0-9175953-0-9	Tapa blanda edición en español	Book precio €6.99

Cómo obtener tu código de barras para tu libro

Un vez que hayas adquirido tus ISBN, si decides publicar tu edición impresa, puedes solicitar tu código de barras. Consulta con tu compañía distribuidora antes de solicitarlo pues algunas lo proveen gratuitamente. El diseñador que hará tu cubierta necesitará saber qué tipo de código de barras vas a utilizar para dejar el espacio en blanco en el diseño de la cubierta trasera.

¡¡Cuántas cosas y detalles a tener en cuenta!! Estarás pensando. Bueno, ya te avisé que el proceso de autopublicar no es un camino de rosas, pero créeme, no es tan complicado. Sólo tienes que ser organizado/a y concentrarte en el proceso.

Si publicas tu libro a través de Createspace, sólo necesitarás tu ISBN y ellos crearán automáticamente lo que se llama un código de barras 90000, que es aceptado por Amazon y todas sus empresas aliadas. Este tipo de código es legible por escáneres, la única diferencia es que el precio no esta codificado. Muchos autores que autopublican lo prefieren así, pues si desearan cambiar el precio, tendrían que pedir un nuevo código de barras y revisar el diseño de la cubierta por cada cambio de precio.

Recuerda pedirle a tu diseñador dejar el espacio para el código de barras en blanco.

Consulta con la compañía que distribuirá tu edición impresa sus normas para los códigos de barras.

¿Por qué las editoriales deben usar código de barras?

El escaneado de código de barras es muy rápido y eficaz para las tiendas de libros. Pueden obtener con un solo escaneado toda la información codificada sobre un libro específico. La mayoría de las empresas que venden libros utilizan el sistema electrónico de ventas (EPOS) que facilita maximizar las ventas y reducir reservas de libros no deseados a través de la información contenida en los códigos de barras.

Los libros de editoriales sin códigos de barras pueden ser rechazados por la mayoría de establecimientos.

Las editoriales pequeñas o grandes se benefician de los códigos de barras a través de:

- Los códigos pueden ser escaneados fácilmente durante la distribución asegurándose así un servicio de entrega más profesional y eficiente.
- Los códigos facilitan a las tiendas y librerías el poder encargar mas libros de forma más rápida utilizando la información contenida en los códigos.

Pero ¿cómo afecta todo esto a los nuevos autores que autopublican por primera vez?

La verdad es que poco. Tus libros serán distribuidos por empresas de internet como Amazon, Bubok, Smashwords etc. y los lectores comprarán tus libros por demanda a través de internet. Solo si lo consigues con tu esfuerzo, tus libros estarán en las estanterías de algunas tiendas. Por lo tanto el tema de los códigos de barras no es crucial para pequeños editores, sin embargo está bien que te informes en caso que decidas vender más libros en el futuro y te conviertas en una editorial más grande.

¿Qué es un código de barras?

Un código de barras es un bloque de barras paralelas y espacios en blanco organizados en un formato particular. Es una conversión de información legible por el ojo a información legible por máquinas y escáneres.

En la industria literaria, los códigos de barras contienen el número estándar del libro ISBN que normalmente está compuesto por 13 dígitos, con la opción de incluir una parte extra de información como el precio, código de referencia, etc.

El código esta compuesto de tres elementos: El sistema de códigos de barras EAN13, en la parte de abajo una versión legible al ojo del código y en algunos casos, en la parte de arriba una versión legible del ISBN.

Símbolos de código de barras recomendados:

Versión NR

Esta versión incluye el código de barras y dos versiones legibles por el ojo, una arriba y otra abajo.

Medidas

34 x 29mm
36 x 30mm
38x 31mm
40 x 33mm
42 x 34mm

ISBN 978-1-873671-00-9

9 781873 671009 >

Versión NK (con el precio)

Contiene la versión previa NR y un código suplementario dónde se codifica el precio del libro. Este tipo de código se usa mayoritariamente en libros publicados en USA. Si publicas en Amazon o compañías internacionales dónde distribuyan en USA este es el tipo de código que requerirán para tu edición impresa.

Medidas

50 x 29mm
53 x 30mm
56 x 31mm
58 x 33mm
61 x 34mm

ISBN 978-1-873671-00-9

9 781873 671009   00500>

El tipo de moneda se identifica en el primer dígito del código suplementario. Los 5 dígitos del código muestran cantidades desde 1p (0001) hasta £99.99 (09999) para ser leídos por los escáneres. Por ejemplo, para publicaciones en lengua inglesa, estos son los códigos que usan:

0   UK £ precio hasta £99.99

5   US $ precio hasta $99.99

6   Canadian $ precio hasta $99.99

Tamaño y posición de los códigos de barras

El tamaño del ISBN /EAN dependerá de la versión usada y su nivel de aumento. El nivel de aumento del nombre se denomina como el 100%. La mayoría de las técnicas de impresión de calidad, hoy en día producen símbolos compatibles que permiten una ampliación por debajo del 100%.

El tamaño mínimo permitido es del 80% pero esto reduce la tolerancia de imprimido por lo que se usa poco. Es importante que la calidad de impresión sea la correcta para que el código pueda ser leído fácilmente por los escáneres. La altura del código de barras es esencial para que sea legible por todo tipo de escáneres por lo que el acortamiento del formato estándar no es aconsejable.

El sitio mas adecuado para la colocación del código de barras es la esquina inferior derecha de la cubierta trasera.

El código deberá estar situado en una superficie suave y separado del borde del libro por lo menos 6mm.

Un margen de unos 2.5mm a la derecha e izquierda del código de barras es aconsejable para que pueda ser escaneado sin problemas.

Maquetación de tu libro

Es aconsejable que utilices los servicios de maquetadores profesionales para que formateen tu libro. Algunos autores deciden hacer este trabajo ellos mismos pero ten en cuenta que cada compañía distribuidora tiene normas estrictas para la maquetación de libros. Si te equivocas tu libro será rechazado y tendrás que maquetarlo de nuevo. El servicio de maquetación (book formating) no es muy caro y te garantiza, no solo que el libro tenga el estilo que requieren las publicaciones profesionales, sino también que sea aceptado cuando lo subas a la página dónde vas a publicarlo.

La maquetación para libros electrónicos es muy diferente al de libros impresos. Si vas a publicar tus libros en los dos formatos necesitarás dos maquetaciones diferentes.

Maquetación de Ebook

Cada compañía distribuidora (Createspace, Bubok, Smashwords, etc.) tiene sus propias reglas y guías de formateado de libros. Si has contratado los servicios de un maquetador asegúrate que le dices en que compañías vas a publicar el libro para que así te mande el archivo siguiendo las normas requeridas y preparado para subírtelo directamente sin complicaciones.

En esta parte del proceso y antes de contratar al maquetador, ya deberías tener preparada tu página más importante. La página legal, dónde se incluyen todos los aspectos de publicación, editorial, autor, fecha, copyright, ISBN, etc.

Recuerda que si tú has comprado tu ISBN, tú eres el editor y el autor en este caso. Aquí tienes un ejemplo de página legal:

FIRST FLOOR – ROOM 16
Maximo Kovak

Published by Maximo Kovak

Smashwords Edition
Copyright © 2013 Maximo Kovak
Copyright registration number 284666398

www.maximokovak.com
All rights reserved

First Digital Edition, 2013

ISBN: 978-0-9575953-2-3 (E-book)
ISBN: 978-0-9575953-0-9 (Paperback)

Disclaimer
The author, who decided to keep himself anonymous, portrays his experiences as a male escort whilst living in London. All the names and locations have been

changed to make sure real characters in the book won't be recognised. Any resemblance to any person is purely coincidental, although some aspects of the characters may have been inspired by some persons I actually know and admire. Cover: The model on the cover is not an escort or the author. The author holds the rights for the use of that image.

Maquetación para edición impresa

La maquetación de una edición impresa (tapa blanda o dura) es diferente la maquetación de eBooks por lo tanto tendrás que pagar o hacer tu mismo una maquetación diferente para tu edición impresa. Este es el momento para tomar las decisiones sobre qué tipo de formateado y diseño quieres para tu libro. Qué tipo de letra quieres, tipo de títulos, inserción de símbolos si son necesarios, etc.

Por ejemplo, yo diseñé un símbolo especial para mi primer libro cuyo significado estaba conectado a los personajes principales de la historia. Le pasé el símbolo al maquetador y le pedí que lo insertara al final de cada capitulo como parte del diseño. Ese símbolo también aparece en la portada y contraportada creando así una estética que fluye a través de todo el libro. Esto es sólo un ejemplo. No todos los libros incluyen símbolos.

Los buenos maquetadores profesionales te mandarán ejemplos y opciones de formateado para elegir antes de comenzar el proceso. Te aconsejo que seas claro sobre lo que quieres desde el principio y que te atengas a tus decisiones para evitar problemas.

Crear el plan de promoción de tu libro. Marketing.

El mejor momento para empezar a desarrollar la estrategia de venta y promoción de tu libro comienza antes de escribirlo. El crear nuevas relaciones y contactos, aprender lo que tus lectores quieren y crear una base de seguidores, tomó bastante tiempo. Por esa razón cuanto antes empieces, mejor.

Una buena técnica para aumentar el interés de tus lectores potenciales es dándoles fragmentos e información específica por adelantado antes de la publicación de un libro específico. Si ya lo has escrito, no te preocupes, no es demasiado tarde. El proceso es el mismo pero te tomara más tiempo. Aquí tienes algunos consejos básicos:

- **Concéntrate más en técnicas de promoción y difusión en vez de ventas.** Tu obra es importante, ayuda a los que se pueden beneficiar de tu trabajo a encontrarlo.
- **Toma responsabilidad activa en la promoción de tu libro.** Aunque delegues algunos apartados a especialistas, el éxito de tu libro depende directamente en tí y el esfuerzo que tú pongas en la promoción.
- **El enemigo del autor no es la piratería: es el anonimato.** La promoción debería ocupar una parte importante de la agenda de un escritor.

Más adelante en esta guía encontrarás ideas útiles a tener en cuenta a la hora de promocionar tu libro.

Lista de tareas

Tarea	Tiempo	✔
Termina tu libro		✓
Pon el libro en un cajón durante un par de semanas.	2 semanas	
Elije un título para tu libro.	1 día	
Elije tu seudónimo o nombre de autor/a.	1 día	
Primer esbozo para la cubierta.	2 días	
Revisa tu libro y cambia o añade lo que veas necesario. Para mejorarlo. Crea el manuscrito final.	1 semana	
Corrige / edita tu libro.	1-2 meses	
Escribe la sinopsis y la descripción del libro.	2 días	
Diseña la cubierta para tu eBook y tu edición impresa incluyendo el espacio para el código de barras.	1 semana	
Registra tu libro en el registro de la propiedad intelectual.	1-2 semanas	
Solicita la exención de impuestos en USA si es aplicable a tu caso.	2 meses	
Solicita y compra tu ISBN.	3-10 días	
Prepara la maquetación/ formato de tu eBook.	1 or 2 semanas	
Prepara la maquetación / formato de tu tapa blanda.	2 or 3 weeks	
Compra tu código de barras para tu edición impresa (si lo necesitas).	5 días	
Esboza tu plan de marketing y promoción.	1 semana	
Tiempo total para la autopublicación de tu libro.	**5-7 meses**	

CAPÍTULO DOS

Publicar Tu Libro

Mi primer libro estaba listo para ser publicado. Después de varios meses de duro trabajo la excitación era inevitable cuando llegó el momento de publicar mi libro. Todo estaba preparado, la corrección y formateado de las dos ediciones, el ISBN, la cubierta y el código de barras. Finalmente podría publicar mi libro y descansar.

Noooooo, para nada. El trabajo del autor que autopublica nunca termina.

Una vez que tu libro está listo tendrás que subírlo a las páginas web de las empresas distribuidoras que vas a usar, rellenar los formularios y la información requerida para que tu libro sea aceptado. Entonces el público podrá ver tu libro y comprarlo si lo desean.

Durante este proceso tienes que tener cuidado. Seguramente nuevas preguntas aparecerán y la ansiedad volverá.

¡¡¡Ya casi has llegado!!! No te rindas.

No puedes esperar a ver tu libro disponible y empezar a vender ¿verdad? Bueno, pues reduce la marcha y no vayas tan rápido. Si te equivocas durante este proceso o los archivos del libro no siguen las guías requeridas por el distribuidor, seguramente lo rechazarán.

No te preocupes. Si has seguido el proceso recomendado para la autopublicación deberás tener todas las respuestas que necesitas, y todo acorde para poder subir tu libro sin problemas.

CAPÍTULO TRES

Registrar Tu Libro Para Su Publicación

Cuando vayas a publicar tu libro tendrás que rellenar unos formularios incluyendo información sobre ti, el libro y también subir / enviar los archivos del libro. Ten en cuenta que cada empresa distribuidora es diferente y puede que haya variaciones en los detalles que requieran para la registración, pero aquí tienes una guía general de lo que la mayoría piden:

Detalles del autor: en esta sección tendrás que insertar tus datos personales, nombre, dirección, seudónimo (si usas uno) ,etc. Estos detalles serán públicos, por lo tanto si no quieres que tu nombre real aparezca, pon tu seudónimo, si este es tu caso.

Detalles editoriales /empresa/ impuestos : En esta sección requerirán los datos editoriales (tu empresa si has creado una, o tu nombre como editor si eres autónomo). También tendrás que darles tu ISBN si lo tienes u optar por utilizar el que la empresa distribuidora te ofrezca.

Si estas publicando internacionalmente y deseas obtener la exención de impuestos en USA tendrás que insertar tu ITIN. Createspace y otras websites distribuidoras te dan la opción de publicar tu libro aunque no tengas todavía tu ITIN pero te reducirán el 30% de impuestos de tus ganancias hasta que no hayas terminado el proceso.

Detalles bancarios: Aquí debes insertar los detalles de la cuenta bancaria en la que quieres que se te ingresen las ganancias por la venta de tus libros. Si te has registrado como una compañía, tendrás que tener una cuenta bancaria de empresa, pero si eres autónomo puedes utilizar una cuenta normal.

Ten en cuenta que abrir una cuenta bancaria de empresa puede tardar unos días o semanas por lo que deberías gestionar este tema con tiempo suficiente.

Detalles del libro: Aquí te pedirán una descripción corta del libro y otra mas elaborada, el título del libro, el nombre del autor, palabras claves (keywords) para la búsqueda, el tamaño elegido para el encuadernado, tipo de papel que quieres usar (si es una edición impresa), género y categoría del libro y que subas los dos archivos del libro, uno que contenga el texto maquetado y corregido, y otro con la cubierta.

Si decides hacer tu mismo la maquetación o la cubierta de tu libro asegúrate de que lees con atención las guías y normas de la empresa de distribución para que te lo acepten en el primer intento.

Maximo: ¡Listo! Tu libro ya está registrado y aceptado. Seguramente estas suspirando y con una sonrisa de felicidad por haber conseguido tu objetivo. ¡Si has llegado hasta aquí, enhorabuena por tu logro!

Tu: Mi libro ya está disponible. ¿Me puedo relajar ya?

Maximo: NO. ¿Cómo esperas que la gente descubra tu libro? ¿Piensas que eso ocurrirá como por arte de magia?

Cada vez que comienzas un nuevo libro debes preparar un plan de promoción y marketing y llevarlo a cabo. Esto conlleva cierta cantidad de trabajo antes y después de la publicación de tu libro. Una vez que has publicado tu libro debes empezar la promoción inmediatamente.

Por otra parte habrá algunos aspectos del plan que tendrás que preparar antes de la publicación y que afectarán a tus posibles ventas. A continuación verás algunas ideas para promocionar tu libro.

CAPÍTULO CUATRO

Promover Tu Libro / Marketing

Tu libro está disponible y a la venta pero todavía tienes mucho trabajo por hacer si realmente quieres vender más de una docena de libros al mes. Ten en cuenta que no tendrás pósters de tu libro en las estaciones de metro o una editorial respaldándote y negociando ventas de tu libro con las grandes empresas compradoras. Estás solo/a, y tienes que hacerle saber a la gente que tu libro está ahí. Necesitas soluciones y acción.

Aquí tienes algunas ideas para promover tu libro, elige las que veas mas adecuadas para tu caso.

Escoger el género y categoría adecuados:

Cuando subas tu libro a las páginas web distribuidoras, Createspace, Bubok, Lulu, etc, tendrás que elegir a qué género y categoría quieres añadirlo. Es muy importante que elijas la categoría adecuada para que los lectores puedan encontrar tu libro fácilmente.

Los listados de algunas páginas web son complejos y muy largos.

Las páginas web de publicación en el mercado español tienen listados de categorías diferentes a las de los países internacionales. Tómate el tiempo necesario para estudiarlos con atención y elegir el que sea mejor para tu libro. Muchos lectores buscan por categorías y género y después por precio, los más vendidos o con mejores reseñas. Si tu libro está en la categoría errónea puede que lo compren pero se llevarán un disgusto cuándo descubran que no era lo que buscaban y quizás te dejen una reseña negativa. Los listados están normalmente divididos en categorías principales y en subcategorías.

Aquí tienes un ejemplo de sólo las principales, sería muy largo ponerlas todas:

Ficción	Afroamericano
	Antologías
	Aventura
	Ciencia ficción
	Cómics y novelas gráficas
	Deportes
	Drama
	Erótica
	Fantasía
	Ficción para mujeres
	Gay & Lesbian
	Historia
	Horror
	Humor y comedia
	Infantiles
	Jóvenes adultos
	Literaria
	Misterio y detectives
	Poesía
	Religión y Filosofía
	Romance
	Suspense
	Vacaciones
	Western

No Ficción	Autoayuda
	Biografías
	Cocina y recetas
	Crianza de hijos
	Deporte
	Economía y negocios
	Entretenimiento
	Erótica
	Historia
	Infantil
	Inspiración
	Manuales de referencia
	Política
	Relaciones y familia
	Religión
	Salud y bienestar
	Viajes

Escoger la categoría errónea puede afectar a tus ventas negativamente. La mayoría de las páginas web distribuidoras te dan la opción de cambiar tu categoría una vez que has registrado tu libro pero cada vez que realizas cambios, éstos tienen que ser aprobados. Normalmente los cambios tardan dos o tres días en ser aceptados y durante ese tiempo podrás perder ventas.

Crear tú pagina web

Esta es una herramienta de promoción muy importante. Una vez que tu libro está disponible y comienzas la etapa de promoción, tu website será la referencia principal dónde lectores, o interesados podrán acceder a información sobre ti y tus libros. Una página web de poca calidad, tediosa o con contenidos pobres no te hará ningún favor a la hora de promocionarte como autor.

Contratar a un diseñador de páginas web
Si no tienes ningún conocimiento sobre diseño de páginas web te

aconsejaría que buscaras un profesional que te ayudara a diseñar la tuya, pero te costará mucho más que si lo haces tú mismo. Dependiendo de la complejidad de la página que quieras crear podrá costarte entre 400€ y 1200€. Cuánto más compleja y mas secciones tenga, más cara te costará. Aunque delegues el trabajo al diseñador, eso no significa que te puedas cruzar de brazos y dejar que te lo hagan todo. Si lo haces así, puede que termines con una website que no te guste y con contenidos erróneos. Antes de contactar con cualquier diseñador deberás preparar cierta información:

* El número de secciones y los títulos para cada sección.
* El número de subdivisiones o subsecciones y sus títulos.
* Visuales, fotos y vídeos que quieres incluir en las páginas.
* Los textos que vas a insertar en cada página.
* Preferencias de colores y fondos para la website (si tienes alguno).

Te sugeriría buscar ejemplos de páginas que te gusten para coger ideas sobre el tipo de maquetado y diseño que te gusta y que se lo enseñes a tu diseñador. Esto te ahorrará mucho tiempo y dinero. Cuánta más comunicación y claridad tengas con el diseñador más posibilidades de éxito tendrás y más barato te costará.

Si facilitas un árbol de contenidos (website tree) al diseñador, mucho mejor. Esto le dejará muy claro lo que quieres y habrá poco espacio para cometer errores. Un árbol de contenidos es un diagrama que describe sección por sección los contenidos y secciones de tu página.

Aquí tienes un ejemplo de un árbol de contenidos de página web:

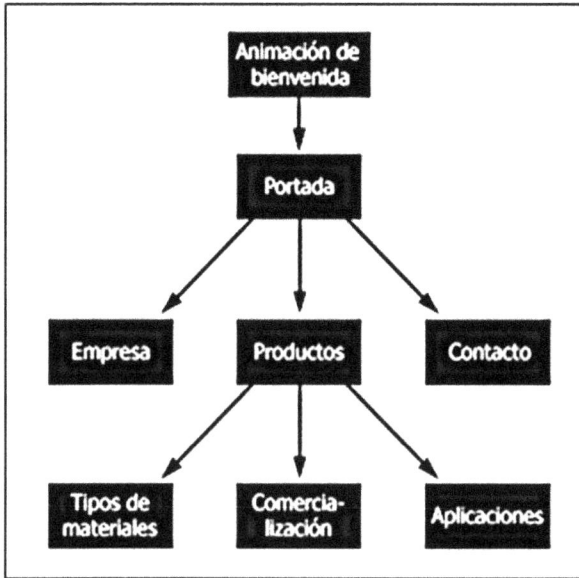

Esta es una forma de organizar tus ideas y tener claro qué es lo que quieres antes de contactar con el diseñador. Por otra parte el diseñador verá que sabes lo que quieres en relación a contenidos y diseño y al ofrecerle guías claras le estarás ahorrando la mitad del trabajo por lo que podrás negociar el precio.

Aquí tienes un ejemplo de formulario que yo utilizo cuando contacto diseñadores, dónde incluyo toda la información y sugerencias para la creación de una página web:

Guías de diseño		
	1-	Me gustaría tener un diseño elegante pero contemporáneo usando como colores primarios, el rojo, el blanco y el gris. En la página web. Prefiero una página HTML sin introducción en flash.
	2-	Quiero que mi página web sea compatible con la mayoría de los buscadores como Firefox, Crome, Opera, etc.
	3-	Algunos ejemplos de diseños que me gustan para que lo tengas como guía: www.maximokovak.com

Página inicial	Texto para la página inicial	Fotos para la página inicial
Productos	Textos para esta sección	Fotos para esta sección
Servicios	Textos para esta sección	Fotos para esta sección
Cuentas email que necesito	contact@petersocha.com	social@petersocha.com
Fecha límite	Me gustaría tener la página lista en 2 semanas	
Presupuesto	500 € IVA incluido	

Tus cuentas de email: Te aconsejaría que abrieras por lo menos dos cuentas de email. Una para tu página de contacto y temas generales y otra para las páginas de redes sociales. Esto es aconsejable si no quieres ver tu email principal bombardeado con emails de Facebook y Twitter, por eso es mejor separarlos. El diseñador se encargará de registrar las cuentas de email que tú desees.

SEO: Una vez que tu página esté terminada deberías contratar a un especialista en SEO (posicionamiento de buscadores). Este profesional realizará los trabajos necesarios para garantizar que tu página sea visible para los buscadores (Google, yahoo,etc). Puede que tengas la website más interesante y bonita del mundo pero si tu SEO no es buena nadie verá tu página.

¡Pero yo no sé nada del tema este! Bienvenido, yo tampoco sabía nada pero compré un libro temático sobre SEO y aprendí los temas básicos de la SEO y lo importante que es para que tu website tenga tráfico y sea visible para el mayor número de personas.

Si eres listo/a y usas las páginas de profesionales que ya he nombrado como peopleperhour.com verás que hay gente en países como Pakistán o India que ofrecen SEO servicio básico por unos 30€- 40€ cuando en otros países cobran cinco veces más. El tema de SEO es bastante complejo, pero para empezar sólo necesitas hacer los pasos básicos de SEO y nada más.

¿Dónde puedo buscar diseñadores y SEO profesionales?
De nuevo, en peopleperhour.com o páginas parecidas. Oye, que quede claro que peopleperhour no me paga comisión por nombrarlos, pero es una de las páginas más eficientes que he usado. También puedes buscar en Google si quieres, pero no dejes que te timen.

Asegúrate que pides más de un presupuesto y no aceptes el primero que responda por ser vago y no buscar más. Cuando trabajas con gente no sólo es importante la experiencia sino también la personalidad que tienen. Comunícate con ellos, pregúntales cosas y dialoga para hacerte una idea de si es la persona adecuada para ti. También es importante que les preguntes directamente cuántos proyectos tienen en cola y cuándo pueden empezar el tuyo. Muchos autónomos en estas páginas aceptan cuatro o mas trabajos al mismo tiempo para que no se los quiten otros y después te tienen esperando mucho tiempo, ten cuidado.

¿Cómo funciona el tema de pagos a estos profesionales? Te aconsejo que nunca pagues el total por adelantado. Lo más normal es que te pidan un depósito de 20%-50% y el resto al finalizar el proyecto. Pídeles un recibo al final pues este tipo de gastos es deducible a la hora de pagar impuestos.

Diseñar tu página tú mismo:
Esta opción te puede ahorrar mucho dinero, pero es recomendable sólo para personal con buen conocimiento en diseño de páginas web y que por lo menos tengan un nivel básico en las áreas siguientes:

* Conocimiento en hosting
* Plantillas de página web
* CMS (Control Management System) Panel de control.
* SEO
* Registro de cuentas de email
* Photoshop

Lo primero que tienes que hacer:

Comprar tu dominio: Por ejemplo www.maximokovak.com. También puedes comprar otros dominios con tu nombre como .es .net, .info, .co.uk, etc. para evitar que nadie copie o duplique tu nombre, pero esto te costara más caro. Si no crees que te vayas a hacer famoso en tu primer año y quieres ahorrar presupuesto, será suficiente con que te reserves un dominio o dos como máximo.

Por otra parte ten en cuenta el tema de la privacidad de datos personales. Cada vez que registres un dominio, tus datos personales serán públicos y si usas un seudónimo como autor y no quieres que tu nombre real sea descubierto te aconsejo que los pongas en privado. Si no quieres que tus datos estén públicos, algunas empresas de hosting ofrecen la opción de pagar extra para ocultar tus datos personales.

Si vas a crear una página de autor, la mejor idea será utilizar tu nombre real o seudónimo para el dominio. Si vas a crear una página como editor o editorial puedes utilizar tu nombre como editor o el de tu empresa, o si por el contrario, vas a crear una página para un libro específico, entonces mejor que uses el título del libro como dominio. En cualquiera de los casos el dominio debería ser corto, simple y relacionado con el contenido de tu página.

Compra tu hosting: Este es el espacio y la compañía dónde se va a alojar tu página web. Busca en Google "website hosting" y elije el más conveniente para ti. Para páginas web pequeñas no necesitarás paquetes de hosting profesionales, con uno básico o medio bastará. Busca y compara precios antes de tomar una decisión.

Comprar tu plantilla de página web: si no quieres diseñar tu página desde cero puedes comprar una plantilla con CMS (panel de control) y adaptarla a tus necesidades. Usando el CMS puedes cambiar los colores de la página, los textos y secciones o modificarla cada vez que tú quieras.

Crear tus cuentas de email: Usando tu cuenta de hosting puedes crear tus propios emails. La mayoría de los paquetes de hosting ofrecen un número de cuentas email gratuitas.

SEO: Es muy importante que hagas la SEO básica o que alguien la haga por ti por las razones mencionadas anteriormente. Una página web que no es visible no sirve para nada.

Texto y visuales: Toma tu tiempo para trabajar en los contenidos de tu página. Tus lectores y seguidores leerán tu website, así que lo que pongas en ella es importante para crear la impresión adecuada. Textos cortos pero atractivos son mejores que largos y aburridos. Puedes conseguir imágenes en Google o comprarlas en empresas de stock fotos en la web. Recuerda que tu página es el portal principal para tu audiencia, lectores, periodistas y gente que quiera saber más sobre ti. ¡Las primeras impresiones cuentan!

Contratar un diseñador	Tarifa media por el diseño 400€ -1200€ Hosting 60€ -90€ Dominio 20€ SEO básico 40€
Haciéndolo tu mismo	Plantilla de pagina web 60€ -150€ Hosting 60€ -90€ Dominio 20€ SEO básico 40€

Los contenidos de tu página

No soy un diseñador especialista de páginas web pero he trabajado en numerosos proyectos que envolvían la creación de páginas webs y he desarrollado los contenidos de cada una.

Estamos en una era visual en la que la mayoría de la gente es bombardeada con información y visuales constantemente. Iphones, Ipads, móviles con internet, televisiones, redes sociales, anuncios, etc.

son parte de nuestra vida diaria. Este constante bombardeo de datos y visuales hace que la gente se vuelva más impaciente a la hora de recibir información. Por esa razón, si tu audiencia no se siente atraída por tu página principal en los primeros 10 segundos, entonces ya los has perdido y se irán a otra página web.

Página principal o de inicio: Tu página principal será lo primero que tu audiencia vea y es la sección más importante. Esta página debe ser llamativa, con colores que sean atractivos, con más imágenes que texto y con un menú que sea claro, organizado y fácil de usar.

La sección de contacto es la herramienta más importante en una página de autor. ¡Lo que tú quieres es que la gente te contacte! Para ello asegúrate de que ese botón está visible en tu página. Tu página puede tener tantas secciones como tú quieras. Yo no estoy aquí para decirte como debería ser tu página, pues quiero que tú utilices tu creatividad y estilo a la hora de construirla, pero te mostraré las secciones más comunes que los autores incluyen en sus páginas.

Sobre mí: A la mayoría de lectores les encanta saber detalles personales sobre sus escritores favoritos. "La curiosidad del lector". Sabiendo cómo es la persona que hay detrás del libro les acerca más a ti. Eso es lo que quieres, ¿no?

Utiliza esta página no sólo para poner tu biografía, sino también para incluir detalles de otras actividades que te gusten o hagas.

Reseñas: Aquí puedes poner las mejores reseñas que tus lectores han mandado y comentarios de la prensa sobre tu libro. También puedes incluir tus reseñas personales de libros de otros autores que hayas leído, para darle a tu audiencia una idea sobre tus preferencias de lectura.

Noticias y eventos: En esta sección puedes incluir cualquier información relacionada con tu carrera como autor, firma de libros, conferencias, nuevos lanzamientos, etc.

Blog: Y ¿por qué no creas tu propio blog en tu website? Esto te podría ayudar a conseguir más seguidores y lectores potenciales.

Libros: Aquí puedes crear perfiles individuales para cada libro que publiques incluyendo imágenes de la portada, una descripción, un anuncio en vídeo si quieres y los enlaces para comprar el libro.

Contacto: El botón más importante de toda la página. La meta principal para un autor es conseguir el número mayor posible de seguidores y lectores. Dedicar tiempo a responder preguntas de tu audiencia es una de las partes más importantes del trabajo de un autor.

Sígueme: En este apartado facilitas los enlaces directos a tus perfiles en las redes sociales como Twitter, Facebook, etc. Recuerda, ¡¡creando audiencia!!

Subscríbete: Algunos autores deciden publicar semanalmente o mensualmente artículos sobre temas específicos. Sus seguidores pueden subscribirse y recibir la información o los artículos vía email automáticamente.

Promociona tu página web

Nombra el enlace de tu página web en tu libro

Cuando escribas tu libro crea tantas razones posibles como puedas para que tus lectores visiten tu página. Esto no significa que simplemente escribas el enlace al final del libro.

Dales razones para visitar tu página. Ofrece fragmentos o episodios exclusivos para bajarse gratuitamente, consejos especializados, o cualquier tipo de interacción que se te ocurra.

No veas tu página web simplemente como una herramienta de promoción sino también de servicio e interacción.

Promueve los comentarios y preguntas de tus lectores.

Usa tu página para crear relaciones interactivas con tu audiencia. Solicita sus comentarios y preguntas.

Ofrece premios para la pregunta más interesante del mes y responde la pregunta en tu blog para hacerla visible a tus otros lectores.

Responde los emails que recibas tan pronto como puedas y acepta las críticas negativas cuando aparezcan.

Ofrece información para la prensa

Crea una sección para que los miembros de la prensa puedan bajarse información relacionada con el autor (tú) y sus publicaciones. Fotos del autor, biografía, comunicados de prensa, copias de la cubierta del libro, artículos de interés, respuestas a las preguntas que frecuentemente recibes, etc.

Publica tus boletines

Publicando boletines atractivos no solo podrás promoverte como autor sino también promover tus próximas publicaciones. Crea boletines que sean originales y útiles para tus lectores. En vez de largos boletines y poco frecuentes, es preferible crear artículos cortos informativos y publicarlos frecuentemente. Tus lectores están tan ocupados como tú. Estoy seguro que apreciarán boletines concisos y fáciles de digerir.

Cuando solicitas subscripciones a boletines y retienes datos privados sensibles en tu página web o servidor, como direcciones de email, debes incluir siempre una declaración de privacidad que declara que los datos personales son para uso interno exclusivamente y no se venderán, alquilarán o compartirán con terceros.

Seleccionar tu audiencia. Tu objetivo de mercado.

Los autopublicadores, especialmente autores de no-ficción, tienen más posibilidades de éxito cuando se concentran en cómo van a promover su libro a su audiencia potencial antes de escribir su libro. El prever las respuestas a las preguntas que tu audiencia busca es una parte especial del proceso y afectará en el modo en que tu libro será recibido por los lectores.

Si quieres vender libros, tienes que saber quién los podría comprar.

Crea tu plan de acción

1. Segmenta tu audiencia en grupos (**segmentar**)
2. Elige los grupos que serían tus mejores clientes / lectores. (**objetivo principal**)
3. Aprende cómo, cuándo, dónde y porqué compran libros y está allí cuando ellos estén. (**interceptar**)
4. Crea un plan de promoción mixta. Producto, promociones, precio, distribución, para tu audiencia o grupo principal. (posición)
5. Crea una lista de tareas por hacer y conviértela en una lista de ventas por hacer. (**acción**)

Todo esto puede que parezca complicado, pero no lo es. Hazlo una sola vez y verás lo simple que es. Aquí tienes dos pasos sencillos para comenzar:

1. Segmenta tu mercado / audiencia en grupos.
No trates de contentar a todo el mundo y concéntrate en tu audiencia potencial. Le pregunté a un amigo que dirige una tienda de juguetes sexuales cuáles son sus grupos de mercado principales. Me dijo que había identificado tres grupos principales. Mujeres que compran juguetes y lencería para ellas mismas; hombres que compran juguetes y lencería para mujeres y finalmente la comunidad gay y lesbiana. Descubrieron que la comunidad gay tiene un gran poder de consumo pues no tiene bebés o gastos familiares por lo que tienen más dinero para gastar en ocio y extras. Su empresa decidió concentrarse en ese grupo y exitosamente incrementó las ventas.

2. Elige tu objetivo de mercado.
Aunque identifiques varios grupos potenciales, te aseguro que no tendrás ni el tiempo ni el dinero para poder atraerlos a todos. Mi último libro era una novela erótica gay. Estaba claro que mi grupo de

mercado potencial era la comunidad gay, pero también hombres bisexuales curiosos y mujeres que buscan lecturas picantes. El mercado más potencial y prominente era la comunidad gay por lo que concentré todos mis esfuerzos y estrategias en ese grupo en vez de tratar de promover mi libro en todos los grupos posibles. Mi plan para atraer a este grupo consistió en :

- Uso de redes sociales dirigido a la comunidad gay.
- Búsqueda de periódicos y revistas dirigidos a la comunidad gay.
- Selección de organizaciones y empresas relacionadas con el tema del libro.
- Asociaciones de lectores relacionados con el tema del libro.
- Lista de familiares y amigos que puedan ayudar a promover el libro.
- Tiendas de libros independientes relacionadas con el tema del libro.
- Blogs relacionados con la comunidad gay.
- Textos y visuales en mi página web para atraer a mi audiencia principal.
- Papelería de promoción dirigida a mi grupo principal.

Vender tu libro en librerías independientes

Esta puede ser una carretera llena de baches pero entiendo perfectamente que la mayoría de los autores que toman la ruta de la autopublicación de sus obras deseen tener sus obras en las estanterías de las tiendas de libros y no sólo en internet. Yo he estado ahí también.

Si este es tu caso, aquí te paso algunos consejos para que tu encuentro con las tiendas de libros independientes no se convierta en una mala experiencia.

Lo primero que debes saber es que las tiendas grandes de libros no aceptan obras de autores autopublicados, sin embargo las tiendas pequeñas o especializadas puede que consideren poner algunos de tus libros a la venta si negocias con ellos de la forma adecuada.

Te aconsejo que los contactes personalmente en vez de por email y que tu acercamiento sea humilde pero seguro y positivo.

Prepara un listado de las tiendas que te interesen y asegúrate de que vendan el tipo de libro que tú has publicado. Estarás perdiendo tu tiempo si le llevas un libro erótico a una librería especializada en libros infantiles. Investiga la historia de la tienda, quiénes son los dueños o los jefes de ventas o cualquier otra información que sea relevante y te vaya a ayudar a vender tu libro allí. Cuánto más sepas sobre ellos, más fácil te será entablar una relación y conversación para vender tus libros allí.

Cuando los visites deberías llevar contigo:

- Diez copias de tu libro como mínimo.
- Tu tarjeta de negocios.
- Dos recibos de entrega. Uno para ti y otro para ellos.

MAXIMO KOVAK BOOKS   **Recibo de entrega**

243 Thames Road
London SE10 5QJ
Office: 020 71 32 .....
contact@maximokovak.com

Nombre de la compañía y dirección	
Título del libro	
Número de copias entregadas	
Precio por copia	
Total	
Día	

Detalles de pago:
Vía cheque:
Vía transferencia bancaria:

Nuevos pedidos se pueden solicitar vía email: contact@maximokovak.com

Nuevos pedidos pueden ser entregados con un margen mínimo de 10 días. Este recibo confirma la entrega de un número de copias del libro especificado a la librería nombrada arriba. Las copias son retenidas por dicha librería para su venta. Una vez que las copias sean vendidas, la librería se compromete a informar al autor y realizar el pago de las mismas. Las copias que no se hayan vendido pueden ser retornadas al autor sin ningún cargo para la librería. Si algunas de las copias a retornar han sido dañadas, parcial o totalmente, la librería se compromete a cubrir el pago de dichas copias.

Persona de contacto	
Email	
Teléfono /móvil	

Negociando el precio: antes de ir a ninguna librería deberías hacer tus números y decidir a qué precios quieres vender cada unidad para tener algún margen de beneficios. Los autores pueden comprar sus libros a un precio reducido de las empresas distribuidoras con el sistema de Impresión por demanda (POD) y revenderlos al precio que convenga. Yo decidí comprar 100 copias de mi libro y cada unidad me salió a 3.50€ incluyendo el precio del transporte. Yo les propuse a las tiendas de venderles cada unidad por 6€ para ellos así poderlo vender a 10€ la unidad. Mi libro estaba a la venta en internet por 5.80 pero cuando vieron que mi libro podría crear interés al tipo de lectores y clientes de su tienda y que el margen de beneficio para ellos no estaba mal, no me fue difícil convencerlos para que se quedaran con un número de copias para probar. Al fin y al cabo no perdían nada si no vendían ninguna copia. Gran parte de la negociación dependerá de si les gustas como persona, así que asegúrate de que ese día llevas puesta tu mejor sonrisa y una actitud amigable y positiva.

Sobrellevando negativas: Sé realista y no pienses que todas las tiendas te van a recibir con los brazos abiertos. Si decides intentar poner tu libros en tiendas tienes que estar preparado/a para escuchar "No gracias" o aguantar alguna gente maleducada. En una de las librerías a las que fui me trataron muy mal. Cuando entré intenté explicarle con mi mejor sonrisa mis intenciones pero fui rechazado incluso antes de que pudiera terminar de hablar y me pidieron que me fuera de su tienda. Me hicieron sentir como un criminal a pesar de haber sido educado y amable en mi acercamiento. No podía entender por qué me trataron así. Esta experiencia fue como una bofetada en la cara pero no me desanimó y visité otras tiendas que tenía en mi lista. Por suerte, otras tiendas me recibieron mucho mejor y dos de ellas cogieron mis libros.

El seguimiento: El trabajo no termina cuando los convenzas para que cojan y vendan tus libros. Después tendrás que hacer el seguimiento y contactarlos cada dos meses para ver si necesitan más copias y que te paguen las que ya hayan vendido. Asegúrate de que guardas bien tus recibos de entrega pues si los pierdes no tendrás prueba después.

Si tienes suerte y el libro se vende bien puede que hasta te llamen ellos y te pidan más copias. En ese caso no entregues nuevas copias hasta que te paguen las anteriores. A la hora del pago les tendrás que mandar un recibo formal con tus detalles editoriales o de tu compañía si tienes una.

Créeme, el proceso de vender libros en tiendas independientes es duro, requiere mucho tiempo y no te haras rico/a con las ganancias. Pero si la tentación puede contigo, sigue mis consejos y puede que te ahorres unos cuantos problemillas.

Publicidad y medios de comunicación

Comunicados de prensa: ¿Eres Stephen King o Dan Brown? ¿No? Entonces me temo que la prensa no estará interesada en tus comunicados. Puedes mandar cientos de ellos pero te aseguro que irán directamente a sus archivos. A no ser que tengas un buen contacto en un periódico o revista o que decidas andar desnudo/a con una pancarta con la cubierta de tu libro por la Gran vía de Madrid, habrá muy pocas probabilidades de que mencionen tu libro. Amigos míos que trabajan en la prensa me informaron de que reciben cientos de comunicados mensuales de autores que autopublican sus libros y otros cientos de editoriales famosas y establecidas tratando de promover sus autores y libros.

¿Deberías preparar un comunicado de prensa por si acaso? Sí, pero no pienses que atraerá mágicamente publicidad fácil. Está bien que lo tengas preparado y hasta que lo pongas en tu pagina website. Nunca se sabe lo que puede pasar o si lo puedes necesitar durante el proceso de promoción.

Enviar tu libro a la prensa con la esperanza de obtener una reseña: Tuve la genial idea de mandar mi libro con un paquete informativo a 15 revistas especializadas. El paquete incluía una copia de mi libro, un comunicado de prensa y una carta de presentación que sutilmente les pedía una mención en su revista. Este tipo de paquetes salen bastante caros por lo que dedique bastante tiempo seleccionando las revistas a las que lo iba a mandar. Leí ejemplares de cada revista, visité sus páginas web, busqué el nombre de la persona adecuada en cada una de ellas y me aseguré de que la revista tuviera una sección con reseñas de libros. Estaba convencido de que les haría feliz el recibir una copia gratuita de mi libro y que por lo menos me responderían para dar las gracias, lo cual podría abrir una puerta para el diálogo y quizás una mención o artículo.

NO CONSEGUÍ NI UNA RESPUESTA.

Pagar publicidad: Decidí cambiar mi estrategia y me informé de cuánto costaba poner un anuncio pagado en las revistas dónde mandé el paquete informativo y el libro. Hice un listado con los responsables de publicidad de cada revista y les mandé un email a cada uno preguntando por el precio de un anuncio del tamaño de un cuarto de página. El mismo día todos me respondieron con gran interés. ¡Qué caraduras! Pensé.

Esta era mi oportunidad para jugar a su mismo juego por lo que respondí a cada uno informándoles de que otras revistas competidoras me habían ofrecido un articulo completo mencionando mi libro en su revista, si pagaba un anuncio. De repente empecé a recibir emails de todos ellos ofreciéndome extras gratuitos para que me anunciara con ellos.

Seleccioné las mejores ofertas y las distribuí en diferentes semanas para que la publicidad no saliera a la misma vez. Pagando dos anuncios de un cuarto de página (120€ cada uno) cubrí dos meses de publicidad.

Semana 1 anuncio de pago en revista A.

Semana 2 Artículo gratuito mencionando mi libro en revista A.

Semana 3 Mención gratuita vía email para sus subscriptores en el boletín de noticias (recibido por 5.000 usuarios) en revista A.

Semana 4 anuncio de pago en revista B.

Semana 5 Artículo gratuito mencionando mi libro en revista B.

Semana 6 Anuncio gratuito en la página web de la revista B.

Cuando contacté con los responsables de publicidad de esas revistas, de repente todos recordaron el paquete de prensa y el libro que les había mandado a su editor. El paquete estaba cogiendo polvo dentro de un cajón en algún lugar de su oficina pero en el momento en que mostré interés en pagar por publicidad en sus revistas, me convertí en alguien de interés para ellos. Hasta se tomaron la molestia de leer mi libro y escribir comentarios positivos. ¡Qué placer y qué honor! De esta manera descubrí como la mayoría de los periodistas son unos buitres y para conseguir su atención solo les tienes que usar el cebo adecuado.

¿Mejoraron las ventas de mi libro con los anuncios de pago y sus artículos? Solo un 5% -10% por lo que no puedo decir que este método funcionara exitosamente. Sin embargo los anuncios sirvieron para que mi nombre empezara a sonar y fuera reconocido entre el público, lo cual es también importante para cualquier autor nuevo.

Reseñas de libros y concursos literarios

Obtener reseñas positivas de tus libros es una herramienta excelente para promover tus publicaciones y crear cierta credibilidad como autor, pero es una tarea difícil.

Los autores que escriben en español tendrán la tarea un poco mas difícil pues la mayoría de los sitios dónde hacen reseñas para autores autopublicados están en inglés o trabajan con el mercado literario en inglés. El camino de la autopublicación española tiene todavía un largo camino por recorrer.

Primeramente tienes que hacer una petición a las páginas web o empresas que se dedican a la crítica literaria y a hacer reseñas de libros, si tienes suerte y lo aceptan, tendrás que esperar dos o tres meses para que la reseña sea publicada.

Todo este proceso no te garantiza que la reseña sea positiva, pero si consigues una, ayudaría muchísimo a promover tu libro en los círculos literarios y las redes sociales. La mayoría de los sitios dónde hacen reseñas sólo aceptan manuscritos si se los mandas 3 meses antes de que lo hayas publicado. Quizás sería una buena idea que hicieras este proceso una vez que tu libro haya sido corregido y antes de publicarlo.

Aquí tienes algunos enlaces de sitios dónde hacen reseñas para eBooks:

Kindle Obsessed
Link: www.kindleobsessed.com/review-request/

Kindle Obsessed está dirigido por una lectora voraz que disfruta de la literatura dystopian (es decir Juegos del Hambre) y lectura paranormal. Ella adora los zombis y vampiros y cosas que le hacen mantener sus ojos abiertos por la noche.

En su página de petición para reseñas ella reclama que acepta todos los géneros, pero pienso que sería mejor atenerse a los tipos de libros que ella presenta en su página. De hecho, comprueba lo que ella lee actualmente en su página antes de enviarle nada.

Una vez que ella acepta tu petición, tu reseña tardará unos 3 meses en ser publicada.

Indie Author Book Reviews
Link: http://indieauthorbookreviews.wordpress.com/request-a-book-review/

La autora Anne Chaconas dirige las reseñas de Libro de Autor Indie blog. Ella decide que revisiones se aceptan y entrevista a los autores y organiza las promociones. Las reseñas son publicadas en el blog de el Libro de Autor Indie, Amazon, BN, Smashwords, GoodReads, LibraryThing y Shelfari. Si tu título es aceptado para la revisión, recibirás un correo electrónico una semana después de haber hecho la petición.

Le da preferencia a: ficción general, literatura de mujeres, ficción literaria, ficción histórica, romance, películas de suspense, misterio, dramas y títulos adultos jóvenes.

Ella también puede considerar: memorias, biografías, humor, ciencia ficción, fantasía, horror y no ficción.

Una vez que ella acepta tu petición, tu reseña tardará unos 3 meses en ser publicada.

Cath 'n' Kindle Book Reviews
Link: http://cnkbookreviews.blogspot.co.uk/

Cathy Speight disfruta leyendo cualquier cosa menos libros religiosos. ¿Pero qué es cualquier cosa?

De acuerdo con las categorías mostradas en su página, ella acepta libros de temas: Infantiles, literatura contemporánea, crimen, suspense, ficción, historia, erótica, horror, humor, romance, ciencia ficción, adolescentes.

Para solicitar una reseña puedes contactar con ella en Facebook o mandarle un email a (cathyspeight54@hotmail.com).

Romancing the Book
Link: http://romancing-the-book.com/book-reviews

En Romancing the book es todo sobre amor, romance y todo lo que hay de por medio. Ellos examinan subgéneros como: aventura, temas adultos, antología, biografía contemporáneo, fantasía, futurista, histórica, horror, inspiración, interracial, misterio, no ficción, paranormal, ciencia ficción, viajes, fantasía urbana, erótica, y literatura adolescente.

Para ser aceptado/a para una reseña tienes que mandarles la información de tu libro Ebook. Si uno de sus revisores está interesado, ellos te pedirán una copia de la obra para revisarla. Las revisiones que sean aceptadas aparecerán en su página 4-6 semanas después de que lo hayas presentado.

Big Al's Books & Pals
Link: http://booksandpals.blogspot.co.uk/p/submitting-book-for-review.html

Hurra for BigAl se concentra en autores indie (independientes) que se publiquen en el formato Kindle y Nook. Su blog es un semillero lleno de revisiones de libros electrónicos.

Se aceptan todos los géneros de ficción y muchos segmentos de no ficción.

La publicación de tu reseña puede tardar entre meses hasta un año pero una vez que la publican en su blog también aparecerá en Amazon.

The Book Hookup

Link: http://thebookhookup.com/review-policy/

Book hookup es un consorte de cinco blogs dirigido por señoras que viven en Norteamérica. A parte de hacer reseñas ellas también hacen entrevistas a los autores y a invitados de su blog.

Ellas prefieren revisar ebooks de los géneros siguientes: ficción contemporánea, fantasía romance, urbana romance, histórica, fantasía oscura, adulto paranormal y joven.

Book Lovers Inc.

Link: http://www.bookloversinc.com/review-policy/

Si eres un autor autopublicado, Book Lovers no es para ti.

Pero si eres un autor publicado con el respaldo de una editorial, definitivamente deberías solicitar una reseña de ellos. Los géneros que les interesan son: Fantasía, historias urbanas, romance, ficción histórica, adolescentes y literatura joven.

Según su página web se examinan bastantes títulos de los presentados. Si ellos deciden no examinar tu eBook te dirán el por qué. Las revisiones son publicadas en su página, así como en: Amazon, LibraryThing, GoodReads, Facebook y tal vez en Shelfari.

Goodreads

Link: https://www.goodreads.com/

Esta página web es una gema. Ideal para lectores a la caza de libros buenos y reseñas. También perfecta para nuevos autores, pues te dan la opción de abrir un perfil y usar las numerosas herramientas de autopromoción ofrecidas en el programa de autor de Goodreads.

Al principio puede que te parezca un poco complicada la página pero con el tiempo te darás cuenta de lo interesante y práctica que es tanto

> para autores como para lectores. Goodreads no es una empresa, es una organización sin ánimo de lucro.
>
> Los autores pueden interactuar fácilmente con los lectores, mandar mensajes, crear contactos y saber quién quiere leer tus libros.

Los concursos de libros pueden ser una buena herramienta para promover tus libros. Incluso si no ganas, tu libro será visible en los listados del concurso y eso atraerá audiencia.

¿Por qué debo desperdiciar 100€ para entrar en un concurso sin tener ninguna garantía?

¿Cómo sé yo que el concurso no es un timo?

Si solo estas vendiendo una docena de ejemplares al mes, concursos y certámenes literarios puede ser la herramienta perfecta para darle a tu libro el empujón que necesita. Si ganas tu libro será nombrado en páginas especializadas y en los círculos literarios, no sólo creará nombre sino que también incrementará las ventas de tu libro. Por otra parte si tu libro es aceptado en la lista de participantes, tendrás la oportunidad de hacer buenos contactos en el mundo literario.

Antes de mandar tu libro a ningún concurso, investiga un poco la historia del certamen, anteriores ganadores, tipos de libros que aceptan, etc.

¿Es mi escritura suficientemente buena para mandar mis libros a concursos?

El que no lo intenta, nunca sabrá.

¿Y los concursos de cubiertas de libros? Hay muchos concursos de diseños de cubiertas de libros y si tienes la suerte de ganar alguno, te servirá para promover tu libro en la web. En este tipo de concursos no se miden tus conocimientos como escritor, sino la calidad y originalidad del diseño de la cubierta de tu libro exclusivamente. Cuando busques concursos en Google, no mires sólo resultados en español, pues hay muchos concursos en lengua inglesa también.

Papelería promocional

Otra herramienta útil para la promoción de tus libros es la papelería. Utiliza tus libros y tu empresa (si has creado una) como un instrumento de negocios. Yo decidí crear una marca con mi nombre de autor. Todo lo que hago últimamente incluye mi nombre para maximizar las opciones de promoción.

Tarjetas de visita: Utilicé la cubierta de mi libro para el diseño de mis tarjetas de visita por una cara, y en la otra imprimí mi seudónimo, el enlace a mi página web, mi dirección email y los enlaces a mis perfiles en redes sociales. Imprimir tarjetas de visita a todo color hoy sale muy barato. Cada vez que veo la oportunidad y conozco a alguien inetresado/a en libros, les paso una tarjeta. El 80% de las personas que recibieron mis tarjetas compraron mi libro.

Separadores de libros: Una buena idea si tienes en mente dónde los vas a distribuir. No creo que quieras terminar con 300 separadores de libros en la mesa de tu oficina o en un cajón. Si decides hacerlo, puedes utilizar o adaptar el diseño de la cubierta de tu libro para crear los separadores.

Pósters: Puede crear pósters en A4 o A3 con la imagen de tu cubierta y algunas frases de promoción, pero de nuevo tendrás que hacer un plan para su distribución, si no sería una pérdida de tiempo y dinero. Yo nunca he utilizado pósters pero sé que algunos autores lo hicieron seleccionando los sitios adecuados para colgarlos y les fue bien.

Logo y encabezados de cartas: si has creado una empresa o utilizas tu nombre como un producto de marca quizás seria buena idea el crear un logo llamativo que podrías utilizar para tu página web y documentos oficiales.

Hay muchas otras opciones de papelería de promoción, lápices con el enlace de tu website, tazas, llaveros etc. Usa tu imaginación y decide cuál de ellos se adapta más a tus necesidades y plan de promoción. También recuerda que tienes que mantener un ojo en tu presupuesto. Antes de gastar dinero pregúntate:

* ¿Qué es lo que realmente necesito?
* ¿Qué papelería puedo permitirme?
* ¿Cómo la voy a distribuir? ¿Lo haré de verdad?
* ¿Cuál es la más efectiva para mi plan de acción?

Sacar el mejor provecho a tus redes sociales en la web

La mayoría de autores que autopublican estarán de acuerdo con la utilidad de las redes sociales como instrumento de promoción. El utilizar las redes sociales no es una tarea fácil, requiere tiempo y no funciona igual para todo el mundo, pero si eres listo/a y sabes como atraer gente en dichas páginas, podrás sacarle mucho partido.

Da igual si eres un autor con una editorial respaldándote o si estas autopublicando tus libros, el reto siempre es el mismo: Cómo hacer tu nombre público y vender más libros.

Las redes sociales pueden consumir mucho de tu tiempo y diría que pueden ser hasta adictivas, pero si las usas adecuadamente podrás promoverte a ti y a tus libros.

Las redes sociales más populares son, Facebook, Twitter, Linkedin y Google + pero estoy seguro de que conoces muchas más.

Yo no estoy aquí para decirte cómo debes usar las redes sociales, pero si te puedo decir los trucos que funcionaron para mí y otros autores que las usan.

Da igual la red social que decidas usar, siempre encontrarás el mismo reto: ¿cómo atraer a mi página a lectores potenciales?

- La norma principal es, no pienses en ti mismo siempre, piensa en ellos y en lo que quieren. Generosidad y atención atrae a mas seguidores, arrogancia y egocentrismo atrae lo contrario.
- Siempre sé agradable cuando respondas a gente en las redes sociales. No entres o promuevas discusiones o peleas con otros usuarios.
- Si te gusta algo que has visto hazlo saber dándole al botón "me gusta" y trata de interactuar lo máximo posible.
- Sé honesto /a. Los usuarios huelen rápidamente a la gente con interés propio.
- Utiliza el humor como instrumento, a la mayoría de la gente le gusta el sentido del humor inteligente.
- Renueva tus perfiles frecuentemente y selecciona los contenidos para atraer a la audiencia que buscas.
- Sé original y busca contenidos interesantes y creativos para que sean reenviados por otros usuarios.

Ejemplo 1:

Un día encontré una foto peculiar donde se veía a un hombre tumbado en una cama utilizando sus pies para leer un libro, los cuáles estaban alzados en una postura bastante inusual y sujetaban el libro con los dedos de los pies. Decidí ponerla en todos mis perfiles sociales con esta frase:

Siempre aprecio ver gente que disfruta leyendo mis libros. www.maximokovak.com/books

En tres horas recibi 400 "me gusta" y 30 usuarios me añadieron en Google +, 10 en Facebook y 5 en Twitter.

Ejemplo 2:

Normalmente dejo mis perfiles abiertos todos los días para así poderlos revisar en búsqueda de material interesante. El otro día un amigo puso una foto que llamó mi atención inmediatamente, la copié y la guardé en mi ordenador en un archivo que tengo para fotos de las redes sociales. En la foto se veía una pizarra colgada en la ventana de una cafetería que decía: "No tenemos Wifi, habla con la gente"

Copié esa foto en todos mis perfiles con una frase que decía: Esta es mi cafetería favorita.

Las respuestas vinieron inmediatamente. Cientos de "me gusta", comentarios y muchísimos usuarios me añadieron como amigo automáticamente. A los que no me habían añadido pero habían mandado comentarios positivos, les mandé una petición para enlazar perfiles como amigos y de esa manera conseguí numerosos seguidores nuevos.

Gracias a esa foto, un periodista me contactó y me ofreció un artículo en su revista sobre mi libro. Por lo visto vio la foto y le gustó, lo cual le motivó a abrir mi perfil y entrar a mi página web de autor. Tenía el enlace a primera vista en mi perfil.

Las redes sociales puede que consuman tiempo y a veces que sean hasta superficiales pero la realidad es que son un instrumento de promoción muy útil.

Un gran porcentaje de mis ventas vienen de mis seguidores en las redes sociales.

Tu oficina, ser organizado/a

Una vez que empiezas el proceso de autopublicar tus libros tendrás que ser muy organizado para tener éxito.

Primeramente necesitas un espacio en tu casa para organizar todos los documentos que vas a recibir durante el proceso y para trabajar y concentrarte en la publicación y promoción de tus libros. Cartas, emails, papeles oficiales, impuestos, material de promoción, etc.

Créeme, serán cientos de documentos y si no los organizas bien te verás en apuros cuándo los necesites.

Registrando tu propio negocio y teniendo tu propia oficina tienes sus beneficios a la hora de pagar impuestos. Puedes declarar los gastos relacionados con tu negocio y tu oficina y deducirlos de tus impuestos.

El espacio de tu oficina deberá estar claramente definido y de uso exclusivo para las actividades relacionadas con tu negocio. Escribir, diseñar, enviar cartas, hacer o responder llamadas, etc. Tu oficina puede ser una habitación extra disponible en tu casa o cualquier espacio que pueda ser usado para tal uso exclusivamente.

Yo transformé un espacio que utilizaba para almacenamiento y lo adapté como oficina. Creé mi espacio de trabajo poniendo una mesa de oficina, una silla cómoda, mi ordenador, archivadores, una impresora y escáner, una lámpara y el teléfono.

Una vez que has establecido tu espacio de trabajo, puedes medirlo para determinar cuántos metros cuadrados del total de tu casa estás usando para tu negocio. Entonces podrás deducir ese porcentaje del total de tus gastos en la casa. Por ejemplo si tu espacio de trabajo es el 10% del total de la hacienda podrás incluir como deducción 10% de la renta o la hipoteca, de las facturas utilitarias, del seguro, etc.

También puedes deducir cualquier equipo o material nuevo que obtengas para usar en tu negocio. Un ordenador nuevo, más archivadores, papelería, compra de copias de tus libros, etc. Asegúrate de que guardas todos los recibos para poder demostrar luego las compras.

Algunos autores tienen gastos de transporte, tickets de tren, gasolina o taxis que también son deducibles.

El tener tu oficina o espacio de trabajo no promoverá tu libro pero te ayudará a organizarte e influenciará el proceso de publicación y promoción de tu libro positivamente.

Distribuye extractos de tu libro

Uno de los mejores métodos de promover tu libro es ofrecer un fragmento de tu libro a lectores interesados. Si les gusta el fragmento seguramente querrán más y comprarán el libro. La mayoría de distribuidores tienen ese servicio en sus páginas y permiten la lectura de cierto número de páginas antes de decidir si lo van a comprar o no.

Por otra parte no es mala idea el incluir fragmentos de tu libro en tu website o en tus blog con el mismo fin.

Con tantos libros a la venta, la incertidumbre del lector es el mayor enemigo que los autores pueden encontrar a la hora de venderle su obra. En las librerías los lectores pueden coger el libro físicamente y echarle un vistazo a los contenidos antes de comprarlo, pero en las librerías de la web no pueden hacer lo mismo a no ser que les ofrezcas un fragmento gratuito.

Promueve la página web de tu libro

Dales una razón a los lectores de tus emails para visitar tu página web. Con escribir el enlace de tu página al final de cada email no es suficiente, ofrece también incentivos e información exclusiva para los visitantes de tu página.

No pares de promover tu libro

La excitación y entusiasmo creado por el lanzamiento de un nuevo libro puede ser tentador, pero la promoción y marketing de un libro continua hasta mucho después de haberlo publicado. Incluye en tu plan de promoción una tabla de tareas que sea flexible y que te permitirá continuar con la promoción al mismo tiempo que trabajas en tu nueva obra o proyectos.

Crea tu propio vídeo/ anuncio para tu libro

Demuestra tu creatividad, tu humor y personalidad en tu anuncio. Este tipo de vídeos deben ser corto (menos de un minuto) y dirigidos a tu audiencia principal. La video producción es cara así que no te plantees hacer un anuncio con actores, extras y tramas complicadas a no ser que tengas muy claro lo que quieres y que cuentes con un presupuesto muy generoso.

La autopublicación envuelve el ser creativo e innovador. Puedes utilizar la técnica del collage juntando trozos de imágenes y videos mezclados con música y títulos promocionales. Esto se puede hacer hasta sin grabar nada, sólo con un editor. Puedes conseguir las imágenes en empresas de stock videos o en YouTube y Vimeo. Ten en cuenta que el uso de videos realizados por otras personas es considerado plagio, pero si decides usar imágenes que no son tuyas y no las has pagado asegúrate de que nombras los autores de las obras en tus títulos por lo menos. Si compras stock videos, tienes el derecho a usarlos como tú quieras durante el tiempo que tengas la licencia.

Páginas gratuitas para la promoción de tu Ebook (libro electrónico)

Los enlaces de algunas páginas nombradas a continuación son muy largos para incluirlos en el libro pero si vas a Google y buscas el nombre de cada una, aparecerán sus enlaces inmediatamente:

Addicted to eBooks: Esta página es perfecta para lectores que buscan libros económicos. La página da la opción a los autores de puntuar sus propias obras ofreciendo información sobre los tipos de contenidos, violencia, profanidad, sexo, violencia, etc.

AppNewser Free eBooks of the Week: Sus editores eligen un nuevo eBook gratuito cada semana y lo promueven.

Author Marketing Club: Incluye un listado muy útil con páginas dónde promover tus libros electrónicos pero está todo en inglés.

Books on The Knob: Recomendaciones de lecturas, eBooks gratuitos y reseñas de eBooks en kindle, nookcolor, kobo, Vox, etc.

Digital Book Today: Incluyen herramientas de promoción para autores gratuitas y de pago.

eBooks Habit: Todos los días muestran un listado de 20-30 eBooks que son gratuitos ese día y también ebooks en oferta o a precios rebajados.

eReader News Today: Ofertas en formato Kindle.

eReader Perks: Esta página ayuda a la gente que ama la lectura a descubrir nuevos autores. Si eres un autor y tu libro va a estar temporalmente gratuito en Amazon, Kobo, Barnes, etc. publicitaremos tu libro en nuestra página.

Frugal Reader: "Rellena el formulario de nuestra página para aparecer en la lista si tu eBook va estar ofertado gratuitamente durante un periodo determinado. "

Free Kindle Books & Tips: "Para que tu libro sea promovido gratuitamente en nuestra página tu libro debe ser gratuito por lo menos durante un día en Amazon y debe de tener por lo menos 4 o 5 estrellas."

Free eBooks Daily: "¡Nos encanta contactar con autores y lectores! Si tienes un comentario o te gustaría aparecer en nuestro listado simplemente mándanos un email."

GalleyCat Facebook Page: "Puedes listar tus libros en nuestra sección de Novedades y compartirlos con nuestros lectores."

Goodkindles: "Puedes subirte información sobre tu libro en nuestra página y promoverlo. No hacemos reseñas de libros simplemente te dejamos que promuevas tu libros entre nuestros usuarios."

Meet Our Authors Forum: Un lugar en Amazon dónde los autores pueden hablar sobre su trabajo e intercambiar ideas.

Pixel of Ink: "Si tu libro estará listado en Amazon como gratuito en los próximos 30 días, contáctanos usando el formulario de nuestra página e intentaremos promoverlo en nuestra página. "

Crear tu Blog

Estar presente en la web hoy en día, es vital para todos los autores independientemente del género que publiquen. El Blogging es más barato y más sencillo que crear una pagina web y es una herramienta esencial para promover tu nombre y tus obras. Un blog malo te puede crear una mala reputación, pero blogs de interés y calidad pueden atraer a lectores que comprarán tus libros y hasta a profesionales de editoriales.

La forma más eficiente de crear una base de seguidores leales es creando blogs que sean útiles y que motiven a los lectores a compartirlo y difundirlo. Ofrece algo de valor a tu audiencia.

Aquí tienes algunos consejos para obtener atención en tu blog:

Determina los objetivos de tu blog y atente a ellos. Comienza definiendo cuál es tu audiencia prioritaria y desarrolla luego una estrategia para alcanzarlos. "Sé leal a los objetivos de tu blog. ¿Cuál es tu objetivo? : ¿proporcionar información? ¿quieres provocar y crear conversación? ¿o quieres comentar temas de interés?

Usa las redes sociales. Conecta tu blog a las redes sociales y utiliza el botón de compartir para que los lectores puedan compartir los contenidos de tu blog en sus redes sociales si lo desean. Pónselo fácil.

Asegúrate que los contenidos son SEO amigables. Sé listo/a y utiliza la magia de SEO para hacer tu blog mas visible. Utiliza las palabras claves que son más buscadas e incorpóralas en los contenidos de tu blog. Un blog invisible no te traerá audiencia. Si no te gusta o no sabes sobre SEO paga a un profesional para que mejore la SEO en tu blog.

La frecuencia de tu blog. Si eres nuevo usando blogs, escribe artículos con una frecuencia que tenga consistencia. Si un blog por semana es demasiado para ti, haz uno al mes, pero no falles. Cuánto mas tiempo lleves escribiendo blogs más seguro te sentirás y podrás crear blogs mas frecuentes. Los lectores de blogs son como la audiencia de programas de radio. Les gusta saber a qué hora o qué día su programa favorito se puede escuchar.

Estas son las páginas para crear blogs más famosas:

Blogger es el sistema de blog de Google. Su beneficio primario es que es fácil de usar y adaptarlo a tus necesidades. No es tan profesional como Wordpress pero te da la opción de jugar con el código y hacer cambios. Necesitarás tener un mínimo de conocimiento en códigos de programación para poder hacer las modificaciones tú mismo/a. Otro beneficio es que blogger incluye una comunidad de gente de todo el mundo.

WordPress es el más sofisticado y profesional por ahora. Es parte de un proyecto creado por una comunidad que se encarga de mejorarlo y adaptarlo frecuentemente. Wordpress es totalmente gratuito y es un proyecto expansible por los mismos miembros. Cada vez que hacen mejoras o incluyen nuevas herramientas los usuarios pueden acceder a ellas libremente. Puedes optar por tener tu propio dominio o usar uno gratuito utilizando su sistema de hosting.

Tumblr and Posterous. La página perfecta para usuarios que buscan movilidad y rapidez. Muchos usuarios de blogs se han cansado de tener que pasar por muchos procesos y tecnicidades para crear un blog y quieren algo rápido y sencillo de usar. Esta página se concentra en los contenidos de los blogs y no en los extras, lo cual involuntariamente crea una estética casi minimalista que es bastante atractiva.

Matador Para muchos escritores lo que cuenta no es la estructura del blog o las herramientas de estética, sino la oportunidad de escribir tus blog fácilmente y de atraer tu propia audiencia. En las plataformas más famosas o grandes, tu blog se queda perdido en un mar de artículos, pero en Matador, por ser una comunidad más pequeña, tus artículos tendrán la oportunidad de brillar y atraer atención más fácilmente.

CONCLUSIÓN

Cuando comencé a autopublicar mis libros no era consciente de lo complicado y duro que iba a ser, sobre todo al principio. Ahora miro hacia atrás con una sonrisa y me alegro muchísimo de haber tenido el valor, pues no sólo he aprendido muchísimas cosas nuevas, sino que también me lo he pasado muy bien, he conocido a gente muy interesante durante el proceso y mis libros han sido publicados exitosamente.

Durante los últimos años el mundo de la autopublicación ha empezado a crecer rápidamente. Una gran mayoría de autores que son rechazados por editoriales y agentes han decidido tomar la ruta de la autopublicación de sus obras. Otros ni siquiera se molestan en buscar editoriales o casa de publicación y directamente autopublican.

A las editoriales y agentes no les gustan tomar riesgos en un mercado editorial que está en crisis. Por esa razón solo cogen escritores/as con cierta reputación y nombre o autores nuevos que vienen con una garantía y buenas perspectivas de ventas. Esto deja a todos los demás autores como tú y yo en un callejón oscuro, preguntándonos qué vamos a hacer ahora con nuestra pasión por escribir.

Pues ya sabes la solución. Autopublica.

Durante muchos años las editoriales y los agentes han tenido el poder y la responsabilidad de filtrar proposiciones literarias, libros y autores, escogiendo solo las de más talento y dejando afuera las menos inspiradoras. Su criterio reguló la calidad de los libros en venta y promovían nuevos autores con talento. Por desgracia, la presión para ellos aumentó cuando el mundo de la autopublicación se estableció y empezó a crecer rápidamente, lo cual les forzó a ser mucho más selectivos a la hora de escoger nuevos autores.

Esta preocupación y escrutinio a la hora de seleccionar nuevos autores hace que muchas veces se les escapen nuevos talentos. Hay muchísimos casos de autores que han sido rechazados por las editoriales o agentes y que sin embargo han triunfado cuando han autopublicado sus libros. Muchas de las obras que están en las listas de más vendidos, son autores que han autopublicado sus obras.

Antes de finalizar me gustaría hacerte unas preguntas.

¿Por qué quieres publicar tu libro?

¿A dónde quieres ir?

Si tu respuesta es simplemente tener la satisfacción de tener un libro tuyo a la venta, me parece muy bien, pero entonces estarás publicando por vanidad y no por vocación. Este libro te ayudará a realizar tu sueño y después puedes volver a lo que estabas haciendo antes.

Si tu respuesta es, me encanta escribir, quiero dedicarme a esto y quiero que mis obras estén disponibles al público, entonces tu camino es más vocacional y quieres convertirte en un escritor. Este libro también te podrá ayudar a conseguir tus objetivos, pero te aconsejo que no dejes tu otro trabajo hasta que te establezcas en este sólidamente. Si realmente quieres ser un escritor tendrás que publicar regularmente.

Una vez que creas una audiencia y grupo de seguidores, estarán hambrientos por leer más material tuyo. Si no tienes mas obras preparadas para alimentarlos, las buscarán en otros autores y se olvidarán de ti pronto.

Espero que esta guía te haya ayudado a entender en qué consiste el proceso para autopublicar y que te sirva para organizarte y evitar algunos problemas.

¿Estás preparado/a? Pues adelante y buena suerte.

SERVICIO DE AYUDA VÍA EMAIL
PARA MIS LECTORES

Como un servicio extra, les ofrezco a mis lectores la oportunidad de contactarme y realizar cualquier pregunta relacionada al proceso de la autopublicación, una vez que hayan leído este libro.

Cuando me contactes asegúrate de incluir ese código en el email. Solo responderé emails con preguntas técnicas que incluyan el código. Estamos aquí para ayudarnos los unos a los otros. Tus preguntas y comentarios son bienvenidos.

CODE: Ayuda1212
EMAIL: contact@maximokovak.com

TUS RESEÑAS Y COMENTARIOS

Si te ha gustado el libro te agradecería que dejaras una reseña en Amazon o la compañía donde lo hayas comprado.

Tu opinión y comentarios cuentan para mí.

Puedes seguirme o contactarme a través de mi página o las redes sociales si lo deseas:

www.maximokovak.com

Facebook: maximo.kovak

Twitter: @maximokovak

LinkedIn: Maximo kovak

Google+: Maximo Kovak

www.ingramcontent.com/pod-product-compliance
Lightning Source LLC
Chambersburg PA
CBHW070851280326
41934CB00008B/1395